El Currículo Creativo *para* educación preescolar

Guía de enseñanza

Estudio de la ropa

Kai-leé Berke, Carol Aghayan, Cate Heroman

TeachingStrategies® · Bethesda, MD

Edición de la versión en inglés: Lydia Paddock, Jayne Lytel
Diseño y diagramación: Jeff Cross, Amy Jackson, Abner Nieves
Traducción al español: Claudia Caicedo Núñez
Edición de la versión en español: Judith F. Wohlberg, Alicia Fontán
Diseño de la portada: Laura Monger Design

Teaching Strategies, LLC.
7101 Wisconsin Avenue, Suite 700
Bethesda, MD 20814

www.TeachingStrategies.com

978-1-60617-412-8

Library of Congress Cataloging-in-Publication Data

Berke, Kai-leé.
  [Creative curriculum for preschool teaching guide featuring the clothes study. Spanish]
  El currículo creativo para educación preescolar guía de enseñanza estudio de la ropa / Kai-leé
Berke, Carol Aghayan, Cate Heroman ; [Spanish translation, Claudia Caicedo Núñez].
    p. cm.
  ISBN 978-1-60617-412-8
1. Education, Preschool--Curricula--United States. 2. Clothing and dress--Study and teaching
(Preschool)--United States. I. Aghayan, Carol. II. Heroman, Cate. III. Title.
  LB1140.4.B45418 2011
  372.21--dc22
                2011011537

2 3 4 5 6 7 8 9 10   20 19 18 17 16 15 14

Impreso y encuadernado en los Estados Unidos

Reconocimientos

Muchas personas contribuyeron a la creación de esta *Guía de enseñanza* y sus instrumentos de apoyo a la enseñanza. Queremos agradecer a Hilary Parrish Nelson por su orientación como directora editorial, a Jo Wilson por ayudarnos pacientemente a mantener el enfoque y a Hilary y Jan Greenberg por la revisión cuidadosa y detallada que hicieron del contenido, lo cual enriqueció el producto final.

Sherrie Rudick, Jan Greenberg y Larry Bram merecen un reconocimiento especial por crear la primera *Colección de literatura infantil* de Teaching Strategies. En conjunto con Q2AMedia, ellos crearon el concepto para cada libro y supervisaron el proceso de desarrollo de principio a fin. Su arduo trabajo, creatividad, paciencia y atención al detalle se hacen evidentes en el producto final.

Agradecemos a la doctora Lea McGee por su dirección, revisión y sugerencias para nuestras *Tarjetas: Hablemos de libros*. Con base en su investigación sobre estrategias de lectura en voz alta, Jan Greenberg y Jessika Wellisch crearon un conjunto de valiosas tarjetas de guía para comentar los libros.

Gracias a Heather Baker, Toni Bickart, y al doctor Steve Sanders por escribir más de 200 *Tarjetas de enseñanza intencional*, alineando cuidadosamente cada secuencia de enseñanza con la progresión del desarrollo correspondiente y asegurándose de que los niños reciban la instrucción individualizada que necesitan para tener éxito al aprender. Le agradecemos a Sue Mistrett por revisar cuidadosamente cada tarjeta y agregar estrategias para incluir a todos los niños.

Traducir *Mega Minutos* al español, asegúrandose de que el texto fuera lingüística y culturalmente apropiado, no fue un trabajo fácil. Gracias a nuestro dedicado equipo de escritores y editores, incluyendo Spanish Educational Publishing, Dawn Terrill, Giuliana Rovedo y Mary Conte.

Gracias a nuestro magnífico equipo editorial: Toni Bickart, Lydia Paddock, Jayne Lytel, Diane Silver, Heather Schmitt, Heather Baker, Judy Wohlberg, Dawn Terrill, Giuliana Rovedo, Victory Productions, Elizabeth Tadlock, Reneé Fendrich, Kristyn Oldendorf y Celine Tobal, quienes revisaron, refinaron, cuestionaron y algunas veces reescribieron nuestro material, mejorando cada página que corrigieron.

Gracias a nuestro equipo de servicios gráficos por crear un diseño atractivo y accesible para nuestro contenido. Apreciamos profundamente la visión creativa de Margot Ziperman, Abner Nieves, Jeff Cross y Amy Jackson.

El Latino Advisory Committee merece nuestro gran aprecio por hacernos reflexionar continuamente en las formas de apoyar a los niños de habla hispana y por guiarnos a través del proceso del desarrollo. Gracias a la doctora Dina Castro, la doctora Linda Espinosa, Antonia Lopez, la doctora Lisa Lopez y la doctora Patton Tabors.

Queremos reconocer a Lilian Katz y Sylvia Chard por su estimulante trabajo sobre el tratamiento de proyectos, el cual enriqueció nuestras ideas sobre un currículo de calidad para niños pequeños.

Lo más importante de todo es que nada de esto habría sido posible sin la dirección visionaria de Diane Trister Dodge. Su hábil liderazgo y su dedicación a los niños pequeños y a sus familias es la fuente de inspiración de todo lo que hacemos en Teaching Strategies.

Contenido

Para comenzar

¿Por qué investigar la ropa?

A los niños les interesa la ropa desde temprana edad. Los bebés tiran de su ropa; los niños que comienzan a caminar observan detenidamente botones, broches y cremalleras; y, al llegar a la edad preescolar, los niños desarrollan distintas preferencias por ciertos colores, telas y estilos. El interés de los niños en la ropa puede ser la base para aprender acerca de distintas clases de ropa, diversas telas, los procesos necesarios para la fabricación y la venta de ropa, los propósitos específicos de algunas prendas de vestir y cómo ha cambiado la ropa a lo largo del tiempo.

En este estudio se muestra cómo utilizar el interés de los niños en la ropa para ayudarles a explorar conceptos de los estudios sociales y de la ciencia, averiguar dónde y cómo se fabrica la ropa y, mientras investigan, utilizar distintas destrezas de lectoescritura, matemáticas, tecnología y las artes.

> **¿Cómo manifiestan los niños en su salón su interés en la ropa? ¿Qué dicen acerca de la ropa?**

Red de investigaciones

En la *Guía de enseñanza: Estudio de la ropa* se incluyen siete investigaciones cuyo propósito es explorar este tema. Estas investigaciones ofrecen a los niños la oportunidad de aprender acerca de ciertas peculiaridades de la ropa, como los uniformes de trabajo o el proceso de manufactura. En ocasiones, también incluyen visitas a ciertos sitios y visitas de invitados al salón de clase. Además, en cada investigación se fortalecen las destrezas del lenguaje y la lectoescritura, la comprensión de las matemáticas y el desarrollo físico, social y emocional. Usted podrá expandir esta red agregando sus ideas, especialmente, aquello que sea único en su comunidad.

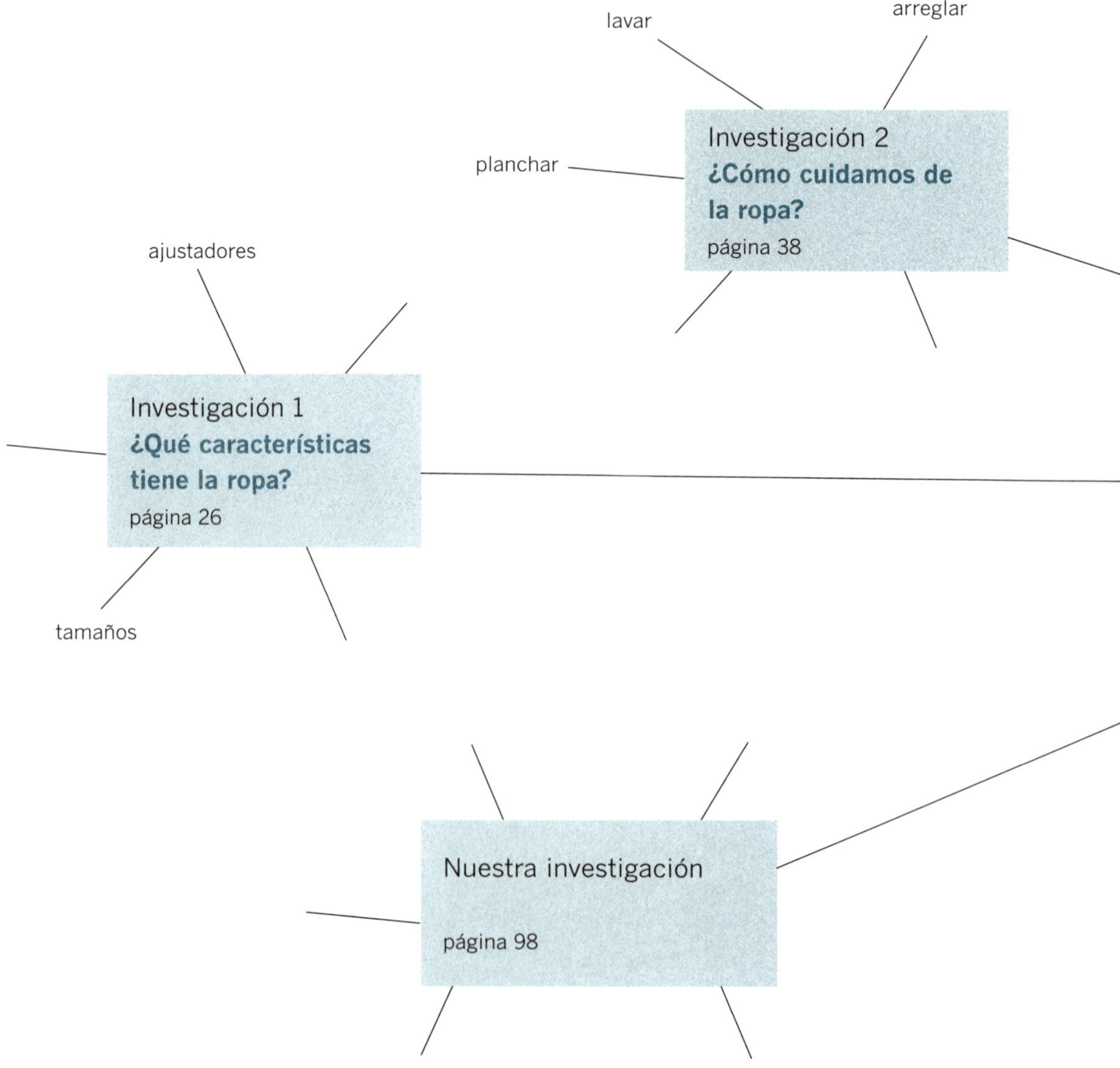

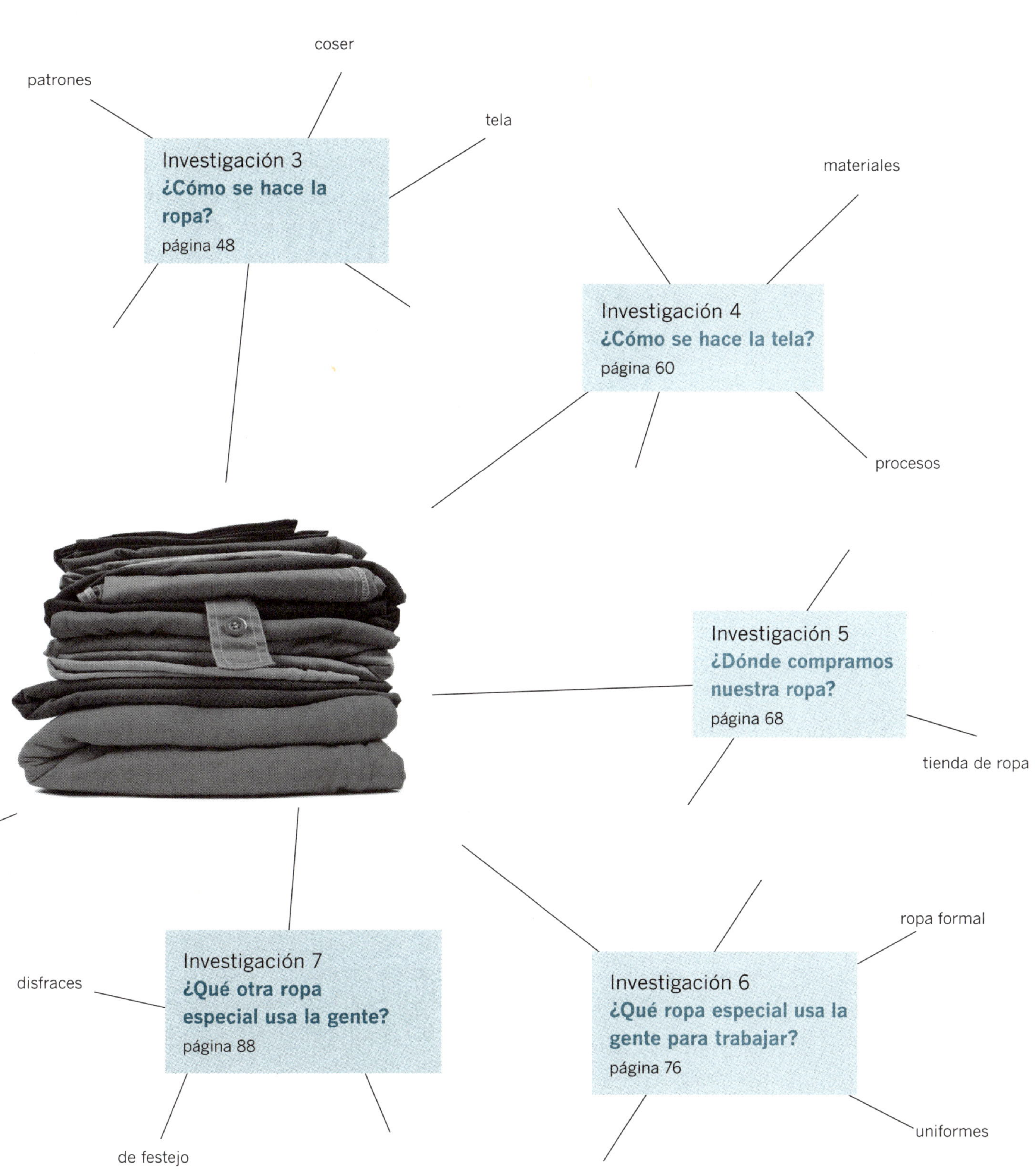
patrones
coser
tela
materiales
Investigación 3
¿Cómo se hace la ropa?
página 48
Investigación 4
¿Cómo se hace la tela?
página 60
procesos
Investigación 5
¿Dónde compramos nuestra ropa?
página 68
tienda de ropa
disfraces
Investigación 7
¿Qué otra ropa especial usa la gente?
página 88
ropa formal
Investigación 6
¿Qué ropa especial usa la gente para trabajar?
página 76
de festejo
uniformes

Carta a las familias

Envíe una carta a las familias para informarles sobre el estudio. Use la carta para comunicarse y como una oportunidad para invitarles a participar.

Apreciadas familias:

Nosotros hemos notado que los niños tienen gran interés en la ropa. Ellos hablan acerca de las prendas de vestir, se las ponen y se las quitan, las comparan y las añaden en sus dibujos como detalles. Por eso, creemos que un estudio de la ropa puede ser interesante.

Para realizar nuestro estudio, necesitamos de su ayuda para poder reunir una serie de prendas con el fin de investigarlas. Como necesitamos ropa de distintos tamaños, tipos, colores y telas, a continuación ofrecemos algunas sugerencias, pero siéntanse libres para enviar cualquier prenda de vestir que no esté incluida en la lista.

Por favor, escriban su nombre en sus prendas de vestir. Así podremos devolvérselas al final de nuestro estudio. ¡Les prometemos que las cuidaremos muy bien!

chaquetas, abrigos, parkas, chaquetas contra el viento, impermeables, ponchos, chaquetas de trajes, *blazers*, chalecos, suéteres, camisetas, camisetas de cuello alto, camisetas de trabajo,	camisas, camisas de franela, pantalones, *jeans*, faldas, vestidos, pantalones cortos, pijamas, salidas de baño, corbatas, corbatines, pañoletas, pañuelos, correas, guantes, mitones,	medias, medias-pantalón, zapatos, botas, sandalias, traje de baño, ropa para hacer ejercicio, ropa de otras épocas, uniformes, y muchos más

A medida que estudiemos la ropa, se aprenderán conceptos y se desarrollarán destrezas en lectoescritura, matemáticas, ciencias, estudios sociales, tecnología y las artes, al tiempo que se desarrolla el pensamiento investigando, haciendo preguntas, resolviendo problemas, haciendo predicciones y comprobando ideas.

Qué se puede hacer en el hogar

Hablen con los niños acerca de la ropa. Examinen juntos las telas y comenten cómo fue fabricada la ropa. Miren las etiquetas para saber dónde fue hecha e identifiquen las telas. Miren fotos de otras épocas y comenten cómo ha cambiado la ropa desde ese momento hasta nuestros días.

Enseñen a su niño a coser. Usen agujas grandes de plástico e hilo grueso; hagan puntadas en arpillera o fieltro.

Cuando compren ropa, hagan notar a los niños cómo están organizadas las distintas prendas en el almacén y expliquen de manera sencilla cómo comparar los precios.

Al finalizar nuestro estudio, tendremos un evento especial para celebrar lo aprendido. De antemano, les agradecemos su participación y su importante rol en nuestro aprendizaje.

A Letter to Families

Send families a letter introducing the study. Use the letter to communicate with families and to invite their participation in the study.

Dear Families,

We recently noticed that the children are very interested in clothes. They talk about clothes, put them on and take them off, compare clothes, and add clothing details to their drawings. We think clothes will make an interesting study.

We need your help to gather a collection of clothes to investigate. We need clothes of all sizes, types, colors, and fabrics. Here's a list of suggestions, but you may also send in clothes that are not on the list. Please label the clothes with your name so we can return them to you at the end of our study. We promise to take good care of them!

jackets, coats, parkas, windbreakers, raincoats, ponchos, suit coats, blazers, vests, sweaters, sweatshirts, T-shirts, turtlenecks, work shirts, dress shirts, blouses,	flannel shirts, jeans, trousers, pants, skirts, dresses, shorts, pajamas, bathrobes, neckties, bow ties, bandanas, scarves, belts, sashes, suspenders, gloves, mittens, socks,	tights, shoes, boots, sandals, bathing suits, exercise clothes, old-fashioned clothes, uniforms, costumes, and more

As we study clothes, we will learn concepts and skills in literacy, math, science, social studies, the arts, and technology. We'll also use thinking skills to investigate, ask questions, solve problems, make predictions, and test our ideas.

What You Can Do at Home

Talk with your child about clothes. Examine the fabrics together and discuss how the clothes were made. Look at the labels to find out where the clothes were made and identify the fabric. Look at pictures from the past and note how the clothing differs from clothing today.

Teach your child to stitch. Use a large plastic needle and yarn; make stitches on burlap or felt.

When you shop for clothes, help your child notice how clothes are organized in the store and offer a simple explanation of how you compare prices.

At the end of our study, we'll have a special event to show you what we've learned. Thank you for playing an important role in our learning.

Inicio del estudio

Presentación del tema

Para comenzar este estudio explore el tema con los niños para responder a las siguientes preguntas: ¿Qué sabemos acerca de la ropa? ¿Qué queremos averiguar?

Comience reuniendo varios tipos de ropa que vayan a usar a lo largo del estudio. Pida a los niños, a los familias y a sus amigos que le ayuden a crear la colección de prendas. Al comienzo de esta *Guía de enseñanza* hemos incluido una muestra de una carta a las familias. Además, en el recuadro al final de esta página, le sugerimos distintas clases de ropa para reunir.

En los programas de educación infantil es preciso mantenerse alerta respecto a la propagación de los piojos. Por lo tanto, en esta lista no se han incluido gorros de ningún tipo. Para obtener información relativa a cómo incluir gorros en su colección de prendas, consulte la reglamentación de su programa.

A medida que vaya reuniendo las prendas de su colección, aproveche la curiosidad natural de los niños en la ropa. Piense en cómo almacenar las prendas y exhibir la colección. Ponga la ropa a disposición de los niños para que se la pongan y la examinen.

Es probable que en su área de juego dramático, usted ya tenga algunas prendas, pero piense en cómo darle cabida a otras cuando comience a aumentar su colección. Para colgar las prendas, usted podría usar una armazón con perchas, colgar una cuerda del techo o colgar la ropa en ganchos o en clavos en las paredes del salón. Como los niños se van a interesar en esta creciente colección, asegúrese de que puedan ver las prendas con facilidad.

Niños que aprenden una segunda lengua
Escriba en una tarjeta el nombre de la prenda de vestir en la lengua hablada en el salón y en las lenguas que se hablan en los hogares de los niños. Pegue la tarjeta a la prenda de vestir. Así los niños aprenderán las palabras en otros idiomas.

---

chaquetas, abrigos, parkas, chaquetas contra el viento, impermeables, ponchos, chaquetas de trajes, *blazers*, chalecos, suéteres, camisetas, camisetas de cuello alto, camisetas de trabajo, camisas de vestir,

camisas de franela, pantalones, *jeans*, faldas, vestidos, pantalones cortos, pijamas, salidas de baño, corbatas, corbatines, pañoletas, pañuelos, correas, guantes, mitones, medias, medias-pantalón,

zapatos, botas, sandalias, traje de baño, ropa para hacer ejercicio, ropa de otras épocas, uniformes, disfraces, trajes típicos, sarapes, rebozos, chalinas, huipiles, bolsas

Preparación para las Experiencias sorprendentes

En las páginas de "Un vistazo" se incluyen estas Experiencias sorprendentes para las cuales se requiere planificación anticipada.

Investigación 1:	Día 3: Visita de a un papá u otro hombre de la familia.
	Día 4: Visita de un pariente con un bebé.
Investigación 2:	Día 1: Visita a una lavandería. Si no puede programar una visita, pero su escuela tiene una lavadora y una secadora, trate de planear un momento para que los niños observen las máquinas.
Investigación 3:	Día 3: Visita de alguien que sepa coser
Investigación 4:	Día 1: Visita de alguien que sepa tejer o hacer croché
Investigación 5:	Día 2: Visita a una tienda de ropa. Si no puede programar una visita, invite a un familiar que trabaje en una tienda de ropa a compartir sus experiencias.
Investigación 6:	Día 4 y 5: Invite a alguien que use uniforme o un disfraz en el trabajo o como recreación a que visite el salón.

Exploración del tema

¿Qué sabemos acerca de la ropa? ¿Qué queremos averiguar?

	Día 1	Día 2	Día 3
Áreas de interés	**Juego dramático:** colección de ropa	**Biblioteca:** libros sobre la ropa	**Juego dramático:** colgadores y pinzas para colgar la ropa
Pregunta del día	Este fin de semana, ¿ustedes se pusieron ropa para clima caliente, para clima templado o para clima frío?	¿Qué colores están usando ustedes hoy?	¿Qué ropa están usando ustedes hoy?
Todo el grupo	**Canción:** "Pantalones rojos" **Comentarios y escritura compartida:** La colección de ropa **Materiales:** Mega Minutos 03, "Pantalones rojos"; colección de ropa	**Canción:** "Canta conmigo" **Comentarios y escritura compartida:** ¿Por qué nuestra ropa es especial? **Materiales:** Mega Minutos 14, "Canta conmigo"; un artículo de ropa preferido	**Movimiento:** Baile con pañoletas **Comentarios y escritura compartida:** Describir ropa **Materiales:** Pañoletas o cintas; colección de ropa. Prepare una lista titulada "¿Qué sabemos acerca de la ropa?"
Lectura en voz alta	*Se venden gorras* Hablemos de Libros 01 (primera lectura en voz alta)	*El sombrero del tío Nacho*	*Se venden gorras* Hablemos de Libros 01 (segunda lectura en voz alta)
Grupos pequeños	**Opción 1: Yo uso esto cuando...** Enseñanza Intencional LL01, "Escritura compartida" **Opción 2: Explorar la colección de ropa** Enseñanza Intencional LL01, "Escritura compartida"; colección de ropa Muestre las listas y guarde la información obtenida.	**Opción 1: Juego de clasificación** Enseñanza Intencional M03, "Buscar y encontrar"; colección de ropa; canasta grande **Opción 2: Separar y clasificar ropa** Enseñanza Intencional M05, "Separar y clasificar"; colección de ropa; objetos que definen límites	**Opción 1: Búsqueda de ropa** Enseñanza Intencional M06, "Llevar la cuenta"; tablillas con sujetapapeles; papel; lápices o crayones **Opción 2: Organizar la colección de ropa** Enseñanza Intencional M02, "Contar y comparar"; colección de ropa; tablillas con sujetapapeles; papel de tarjetas
Mega Minutos	Mega Minutos 07, "Alabío, alabao, ¿cuántos son?"	Mega Minutos 47, "Un paso adelante", usando el cuadro hecho en grupos pequeños ayer	Mega Minutos 47, "Un paso adelante", usando uno de los cuadros hechos el día 1

Día 4	Día 5	Dedique tiempo para…
Arte: materiales para collage, retazos, pegamento, tijeras	**Juego dramático:** ropa de muñecas	
¿Tienen una camiseta favorita? ¿Por qué?	¿Qué quieren saber sobre la ropa?	
Canción: "Canta conmigo" **Comentarios y escritura compartida:** ¿Qué sabemos acerca de la ropa? **Materiales:** Mega Minutos 14, "Canta conmigo"	**Juego:** Como el mío **Comentarios y escritura compartida:** ¿Qué queremos averiguar acerca de la ropa? **Materiales:** Mega Minutos 02, "Como el mío"	
Llama, la llama de rojo pijama	*Se venden gorras* Hablemos de Libros 01 (tercera lectura en voz alta)	
Opción 1: Nuestra ropa favoritas Enseñanza Intencional LL01, "Escritura compartida" **Opción 2: Hacer libros** Enseñanza Intencional LL02, "Hacer libros en la computadora"; cámara digital; computadora; impresora; papel; implementos de encuadernación; banco individual de palabras de cada niño; Mega Minutos 03, "Pantalones rojos"	**Opción 1: Poner la mesa** Enseñanza Intencional M01, "La hora de comer"; platos; servilletas; utensilios; vasos; manteles individuales **Opción 2: Hacer parejas de botones** Enseñanza Intencional M04, "Tarjetas de números"; tarjetas de números; botones	
Mega Minutos 28, "Contar ejercicios"	Mega Minutos 04, "Rima, rima, ma, me, mi"	

Dedique tiempo para…

Experiencias al aire libre

Observación de pañuelos y pañoletas

- Lleve pañuelos y pañoletas al aire libre para que los niños los observen.

- Use lenguaje descriptivo mientras los niños experimentan con ellos. Diga, p. ej., "Escogiste una pañoleta de rayas rojas y amarillas. ¿Cómo puedes agitarla?"

- Mientras los niños agitan los pañuelos y pañoletas, enséñeles conceptos espaciales. Diga, p. ej., "¿Puedes agitar tu pañoleta (alto, bajo, rápido, despacio, al frente, por detrás, dentro del círculo)?"

- Si no tiene pañoletas disponibles, use cintas, moños o pedazos largos de tela.

Conversaciones acerca de la ropa

- Cuando están al aire libre, pregunte a los niños qué notan al mirar su ropa, p. ej., "Me protege del frío" o "Cuando tengo calor, me quito la chaqueta".

- Escriba los comentarios en una libreta y añádalos a la lista titulada "¿Qué sabemos acerca de la ropa?" creada durante el periodo en grupo.

Ejercicio divertido

- Enseñanza Intencional P11, "Saltar al otro lado del río"

Colaboración con las familias

- Invite a un papá u otro hombre de la familia y a un pariente con un bebé a visitar el salón durante la Investigación 1.

- Pregúntele al papá si puede traer alguna prenda de vestir (con la cual pueda contribuir a la colección de ropa del salón de clase) y, si puede, una foto de cuando era un bebé.

- Pídale al pariente con el bebé que traiga una o dos prendas de ropa del bebé cuando era recién nacido.

Día 1 · Exploración del tema

¿Qué sabemos acerca de la ropa?
¿Qué queremos averiguar?

Vocabulario

Español: *ropa*

Inglés: *clothes*

Consulte vocabulario adicional en Hablemos de Libros 01, *Se venden gorras* (*Caps for Sale*).

Todo el grupo

Rutina inicial

- Canten una bienvenida y hablen de quiénes están presentes.

> **Consulte *Para comenzar el año* donde encontrará más información e ideas para planificar su rutina inicial. Consulte Enseñanza Intencional SE02, "¡Mira quién está aquí!" para obtener ideas sobre planilla de asistencia.**

Canción: "Pantalones rojos"

- Repase Mega Minutos 03, "Pantalones rojos".

- Después de cantar la canción una vez, adáptela usando los colores de la ropa de cada niño, p. ej., "Mi amiga Sara, mi amiga Sara, tiene una camisa azul…"

> **Usar los nombres de los niños en las canciones los hace sentir valorados y capta su atención.**

Comentarios y escritura compartida: La colección de ropa

- Hablen de las prendas de vestir aportadas por las familias a la colección.

- Invite a los niños a mostrarle al grupo alguna prenda especial aportada por su familia.

- Explique, "Esta semana vamos a estudiar la colección de *ropa* y a explorar las ideas que tengan acerca de la ropa, incluyendo por qué usamos ciertos tipos. Veamos cuál es la pregunta del día y por qué usaron cierta ropa este fin de semana". (La pregunta del día se encuentra en el cuadro de "Un vistazo".)

Antes de hacer la transición a las áreas de interés, hable con los niños de las prendas de ropa disponibles para explorar en el área de juego dramático y mencione cómo podrían usarlas.

Hora de escoger

Al interactuar con los niños en las áreas de interés, dedique tiempo a:

- Escuchar con atención lo que dicen los niños mientras exploran la ropa en el área de juego dramático.
- Hacerles preguntas para despertarles la curiosidad: "Me pregunto quién habrá usado estas botas".

- Escribir las observaciones de los niños.

Asigne suficiente tiempo para que los niños exploren los materiales antes de planear investigaciones más formales. Preste atención a lo que dicen los niños para averiguar qué es lo que ya saben.

Lectura en voz alta

Lea el cuento *Se venden gorras*.

- Use Hablemos de Libros 01, *Se venden gorras*, y siga la orientación ofrecida para hacer la primera lectura en voz alta.

Grupos pequeños

Opción 1: Yo uso esto cuando…

- Consulte Enseñanza Intencional LL01, "Escritura compartida".
- Presente la experiencia: "Vamos a pensar en las distintas clases de ropa que usamos. Yo voy a escribir las palabras en una lista para que podamos recordarlas".
- Si los niños necesitan ayuda, pregúnteles: "¿Qué clase de ropa usan ustedes cuando vienen a la escuela? ¿Para jugar en casa? ¿Para ir a algún lugar especial? ¿Para dormir?"

Opción 2: Explorar la colección de ropa

- Consulte Enseñanza Intencional LL01, "Escritura compartida".
- Usando la colección de ropa, pídale a cada niño que seleccione una prenda para ponerse.

- Describa la ropa, p. ej., los colores, los patrones, los tamaños, las texturas, las palabras y las etiquetas.
- En un pliego de papel grande, escriba una oración con el nombre del niño y la descripción de la prenda seleccionada: "Lucía se puso una gorra morada".
- Cante la descripción, p. ej., "[Ashley] se puso una camiseta a rayas, una camiseta a rayas, una camiseta a rayas".

Niños que aprenden una segunda lengua
Cuando describa patrones o texturas, muestre ejemplos, ya que el vocabulario relativo a estos conceptos puede ser difícil, especialmente para los niños que están aprendiendo una segunda lengua. Si puede, diga las palabras nuevas en la segunda lengua y en las lenguas que se hablan en los hogares de los niños.

Mega Minutos

- Use Mega Minutos 07, "Alabío, alabao, ¿cuántos son?"

Reunión final

- Recuerde los eventos del día.

- Sugiera a los niños ponerse al día siguiente una prenda de ropa de la cual quieran hablar.

¿Qué sabemos acerca de la ropa?
¿Qué queremos averiguar?

Vocabulario

Español: *especial, abanicar*

Inglés: *special, fanned*

Todo el grupo

Rutina inicial

- Canten una bienvenida y hablen de quiénes están presentes.

Canción: "Canta conmigo"

- Repase Mega Minutos 14, "Canta conmigo".

Comentarios y escritura compartida: ¿Por qué nuestra ropa es especial?

- Póngase una prenda de ropa especial y diga a los niños: "Estoy usando mi camiseta favorita. Me encanta porque es morada, tiene palabras escritas y me la regaló mamá".

- Repase la pregunta del día.

- Dirija una charla acerca de la ropa. Déle a cada niño la oportunidad de hablar de la ropa que esté usando y decir por qué es especial o de alguna manera importante.

- Escriba las ideas de los niños.

> **Hable de las letras y sus sonidos mientras los escribe. La palabra *pantalones* comienza con el sonido /p/. Esta es la letra *P*. La palabra *pijama* también comienza con el sonido /p/. Miren cómo se escribe la *P*.**

Antes de hacer la transición a las áreas de interés, hable con los niños de los nuevos libros sobre ropa disponibles en la biblioteca, y mencione cualquier ropa especial que haya sido agregada a la colección de ropa en el área de juego dramático.

Hora de escoger

Mientras interactúa con los niños en las áreas de interés, dedique tiempo a:

- Hablar con los niños acerca de su ropa durante la hora de escoger actividades.

- Escribir algunas de las palabras y relatos acerca de la ropa que estén usando o de las prendas de la colección.

- Leer con los niños en la biblioteca libros acerca de la ropa y prestar atención a aquello que les interese.

> **Al pasar tiempo en la biblioteca, usted anima a los niños a aprovechar esta importante área de interés.**

Lectura en voz alta

Lea el cuento *El sombrero del tío Nacho*.

- **Antes de leer**, mencione el título del libro y diga, "Me pregunto de qué se trata este cuento".

- **Mientras lee**, demuestre el significado del término *abanicar* usando la mano, un pedazo de papel o un sombrero. Después de que el Tío Nacho compre su nuevo sombrero, pregunte: "¿Qué creen ustedes que va a hacer él con su sombrero viejo?"

- **Después de leer**, ayude a los niños a recordar lo que predijeron acerca de lo que ocurriría con el sombrero. Compare sus predicciones con lo ocurrido en el cuento.

Niños que aprenden una segunda lengua
Usar gestos al tiempo que se dicen palabras sirve para que los niños aprendan y usen el vocabulario nuevo. Esta sugerencia es útil para todos los niños.

Grupos pequeños

Opción 1: Juego de clasificación

- Consulte Enseñanza Intencional M03, "Buscar y encontrar".

- Para jugar, use la colección de ropa diciendo, "Estoy pensando en algo que nos ponemos cuando... [llueve, vamos a dormir, vamos a una fiesta de cumpleaños, etc.]".

- Pídale a cada niño seleccionar una prenda que forme parte de esa categoría.

- Describa las opciones ofrecidas por los niños y la categoría a la cual pertenecen las prendas de ropa. Diga, p. ej., "Un impermeable, un sombrero grande y unas botas de caucho son prendas que se pueden usar cuando llueve".

- Agrupe estas piezas de ropa y continúe usando otra categoría.

Opción 2: Separar y clasificar ropa

- Consulte Enseñanza Intencional M05, "Separar y clasificar".

- Pregunte a los niños: "¿En qué se parecen algunas de estas prendas de ropa? ¿En qué se diferencian?"

- Ayude a que los niños se agrupen, según la ropa que estén usando, en categorías elegidas por ellos, p. ej., en un grupo, quienes estén usando pantalones y, en otro grupo, quienes estén usando pantalones cortos.

Si tiene aros grandes, póngalos en el suelo para que los niños los usen para separar y clasificar. Usar aros les permite a los niños ver los elementos agrupados con límites claros alrededor de cada grupo.

Mega Minutos

- Use Mega Minutos 47, "Un paso adelante".

- Use la lista, o listas, que creó en grupos pequeños ayer.

- Invite a los niños a que *den un paso* y encierren una palabra en un círculo.

Usted está observando si el niño entiende la palabra como unidad del texto, no si puede leer la palabra encerrada en el círculo.

Reunión final

- Recuerde los eventos del día.

- Invite a los niños que miraron libros acerca de la ropa durante la hora de escoger actividades a compartir con el grupo lo que hayan aprendido o disfrutado de los libros.

Exploración del tema

¿Qué sabemos acerca de la ropa? ¿Qué queremos averiguar?

Vocabulario

Español: *llevar la cuenta, pinzas para colgar la ropa, colgadores*

Inglés: *tally, clothes pins, coat hangers*

Consulte vocabulario adicional en Hablemos de Libros 01, *Se venden gorras* (*Caps for Sale*).

Todo el grupo

Rutina inicial

- Canten una bienvenida y hablen de quiénes están presentes.

Movimiento: Baile con pañoletas

- Bailen al son de la música usando cintas de tela, pañuelos o pañoletas.

Comentarios y escritura compartida: Describir ropa

- Repase la pregunta del día.

- Permita que cada niño seleccione una prenda de ropa de la colección y la pase para que los demás la examinen.

- Haga preguntas como:

  "¿Quién podría usar esto?"

  "¿Cuándo se podría usar?"

  "¿Qué notan al mirar esta prenda de ropa?"

  "¿Cómo se siente al tocarla? ¿Es suave?"

  "¿De qué tamaño es?"

  "¿Qué notan acerca de los materiales con que está hecha?"

  "¿Qué creen que hizo la persona mientras usaba esta ropa?"

- En un pliego de papel grande, escriba el título "¿Qué sabemos acerca de la ropa?" y algunas de las ideas y palabras ofrecidas por los niños. Use la información obtenida los días 1 y 2 durante los periodos en grupos pequeños.

> **Haga una pausa antes de hacer una pregunta. Algunos niños pueden necesitar más tiempo para procesar lo que usted dice antes de poder responder. Invite a quienes suelen responder rápidamente a que piensen en silencio por un momento. Dígales: "Vamos a pensar un momento en silencio quién podría usar esto... Hmmm... Estoy pensando..."**

Antes de hacer la transición a las áreas de interés, comente y muestre los colgadores y las pinzas para colgar la colección de ropa. Pregunte: "¿Qué podemos hacer con esto? ¿Cómo creen que se llama?" Describa los colgadores y las pinzas; demuestre cómo usarlos o deje que los niños lo hagan. Durante la hora de escoger actividades, invite a los niños a que le ayuden a colgar las prendas de manera que otros puedan encontrarlas fácilmente.

Hora de escoger

Al interactuar con los niños en las áreas de interés, dedique tiempo a:

- Escuchar lo que digan los niños mientras cuelgan las prendas de ropa.

- Expresar de otra manera las palabras que ellos digan y ampliar sus lenguaje. Después de que un niño diga, "En mi casa, yo cuelgo mi ropa", usted podría decir, "Tú cuelgas tu ropa en tu casa. ¿Qué usas para colgarla?"

> En esta sencilla tarea de colgar ropa, los niños desarrollan la fortaleza y la coordinación de las manos. Estas destrezas son importantes para aprender a escribir.

Lectura en voz alta

- Lea el cuento *Se venden gorras*.

- Use Hablemos de Libros 01, *Se venden gorras*, y siga la orientación para hacer la segunda lectura en voz alta.

Grupos pequeños

Opción 1: Búsqueda de ropa

- Consulte Enseñanza Intencional M06, "Llevar la cuenta".

- Dígales a los niños que hoy van a hacer una búsqueda de ropa para contar cuántas personas están usando ciertos tipos de ropa.

- Repase la pregunta del día.

- Anímelos a pensar en categorías para agrupar los tipos de ropa que quieran contar, p. ej., la cantidad de personas que está usando pantalones cortos, faldas o vestidos, chaquetas y gorras.

- Pídales que usen marcas de conteo para llevar la cuenta de las distintas prendas.

Opción 2: Organizar la colección de ropa

- Consulte Enseñanza Intencional M02, "Contar y comparar".

- Reúna a los niños alrededor de la colección de ropa y pregunte "¿Qué tipos distintos de ropa hay?"

- Repase la pregunta del día.

- Los niños podrían sugerir categorías como ropa de bebés, ropa para salir, vestidos y pantalones.

- Siga la orientación ofrecida en la tarjeta. Use las categorías sugeridas por los niños y la colección de ropa.

Mega Minutos

- Use Mega Minutos 47, "Un paso adelante".

- Use una de las listas que creó en el día 1 de la investigación y pida a los niños que encierren una letra en un círculo.

Reunión final

- Recuerde los eventos del día.

- Invite a los niños a compartir con el grupo lo que hayan descubierto en el periodo en grupos pequeños.

Exploración del tema

¿Qué sabemos acerca de la ropa?
¿Qué queremos averiguar?

Vocabulario

Español: *tela, pijamas, lloriquear, inquietarse, sollozar, lamentarse*

Inglés: *fabric, pajamas, whimper, fret, weeping, wailing*

Todo el grupo

Rutina inicial

- Canten una bienvenida y hablen de quiénes están presentes.

Canción: "Canta conmigo"

- Use Mega Minutos 14, "Canta conmigo".

Comentarios y escritura compartida: ¿Qué sabemos acerca de la ropa?

- Diga que van a seguir escribiendo lo que ya saben acerca de la ropa.

- Escriba las ideas ofrecidas por los niños en la lista "¿Qué sabemos acerca de la ropa?"

- Si es necesario, muestre prendas de vestir para animarlos a decir lo que ya saben sobre la ropa.

- Comience recordando algo de lo que los niños hayan dicho en días anteriores. Diga, p. ej., "Juan dijo que algunos suéteres se sienten ásperos. Jenna dijo que su mamá hace ropa con una máquina de coser".

Este es un excelente momento para darle a cada niño una pizarra pequeña o una tablilla con sujetapapeles y papel para que puedan registrar sus ideas usando palabras y dibujos. Así les ayudará a prestar atención a los comentarios.

A lo largo del estudio, mantenga disponible la lista titulada "¿Qué sabemos acerca de la ropa?" para poder añadir los descubrimientos hechos por los niños.

Antes de hacer la transición a las áreas de interés, hable de los retazos de tela que están disponibles en el área del arte para que hagan collages.

Hora de escoger

Al interactuar con los niños en las áreas de interés, dedique tiempo a:

- Hablar con los niños mientras hacen un collage.
- Describir las telas que escojan.
- Hacerles preguntas de respuesta abierta para estimularles a pensar y hacer comentarios.

Niños que aprenden una segunda lengua
Para los niños que están aprendiendo una segunda lengua los niños con destrezas limitadas en el lenguaje receptivo y expresivo en esa lengua, incluya preguntas que se puedan responder con una sola palabra o señalando una prenda de ropa o una ilustración. Por ejemplo, "¿Qué prenda de ropa te gusta más?" o "¿Cuál es del mismo color que tu suéter?"

Lectura en voz alta

Lea el cuento *Llama, la llama de rojo pijama*.

- **Antes de leer**, lea el título del libro y anime a los niños a mirar la cubierta. Pregunte: "¿Qué es un pijama? ¿De qué creen que se trata el cuento?"
- **Mientras lee**, use distintos tonos de voz para expresar la creciente ansiedad de la llama. Explique que el término *inquietarse* significa preocuparse. Cuando lea las palabras *sollozar*, *lloriquear* y *lamentarse*, exprese el significado con el tono de su voz para ayudar a los niños a entender el significado de las palabras.

- **Después de leer**, pregunte, "¿Cómo se sintió la llamita cuando su mamá no fue a ayudarla enseguida?" Invite a los niños a recordar si alguna vez se han sentido nerviosos en la noche y quién los tranquilizó.

Cuando los niños estén tranquilos, hábleles de cómo manejar las emociones intensas. Esto les ayudará a pensar en estrategias apropiadas para expresar sus emociones cuando sientan emociones intensas en el futuro.

Grupos pequeños

Opción 1: Nuestra ropa favorita

- Consulte Enseñanza Intencional LL01, "Escritura compartida".
- Invite a los niños a describir la ropa que más les guste. Recuérdeles a los niños la pregunta del día.
- Escriba las palabras que describan los colores con marcadores del color mencionado.

Opción 2: Hacer libros

- Consulte Enseñanza Intencional LL02, "Hacer libros en la computadora".
- Tome fotos digitales de los niños.
- Recuérdeles a los niños la pregunta del día.
- Use las fotos de los niños para hacer un libro siguiendo el patrón de Mega Minutos 03, "Pantalones rojos".

Mega Minutos

- Use Mega Minutos 28, "Contar ejercicios".

Reunión final

- Recuerde los eventos del día.

- Muestre el libro o las escrituras compartidas que hayan hecho los niños durante el periodo en grupos pequeños.

¿Qué sabemos acerca de la ropa?
¿Qué queremos averiguar?

Vocabulario

Consulte vocabulario en Hablemos de Libros 01, *Se venden gorras* (*Caps for Sale*).

Todo el grupo

Rutina inicial

- Canten una bienvenida y hablen de quiénes están presentes.

Juego: Como el mío

- Use Mega Minutos 02, "Como el mío".

> **Después de un juego en el cual los niños deban moverse activamente, reúnalos para finalizar diciendo, "Vengan a la alfombra, escojan un lugar y siéntense".**

Comentarios y escritura compartida: ¿Qué queremos averiguar acerca de la ropa?

- Exhiba cerca del área para todo el grupo, la lista titulada "¿Qué sabemos acerca de la ropa?" para que los niños puedan verla a menudo.

- Diga, "Ya sabemos muchas cosas acerca de la ropa. Ahora pensemos en qué queremos averiguar acerca de la ropa".

- Demuestre el proceso de preguntar, p. ej., muestre una prenda que esté rota y pregúntese en voz alta cómo se podría arreglar; hable de la ropa que sea muy estrecha o muy amplia y pregúntese en voz alta si compró ropa de la talla adecuada; hable de un títere o de una muñeca que necesite ropa y pregunte a los niños si creen que podríamos hacerle ropa a esos muñecos.

- Escriba las preguntas en una lista nueva para que los niños las vean. Escriba el título "¿Qué queremos averiguar acerca de la ropa?" Ayude a los niños a formular sus ideas en preguntas, p. ej., si un niño dice, "Yo creo que debemos hacer ropa", responda, "Tú crees que debemos hacerles ropa. Para poder hacerlo, debemos saber cómo se hace. Voy a escribir '¿Cómo se hace la ropa?' y '¿Nosotros podemos hacer ropa?'"

- Repase la pregunta del día y agregue las preguntas apropiadas a la lista.

> **Cuando los niños formulen preguntas a lo largo del estudio, agréguelas a la lista. Pensar en las distintas maneras en que se puede aprender o "averiguar" algo es una importante destreza que les servirá por el resto de la vida y debe incluirse en todo estudio.**

Antes de hacer la transición a las áreas de interés, hable de la ropa de muñecas disponible en el área de juego dramático, y mencione cómo podrían usarla.

Hora de escoger

Al interactuar con los niños en las áreas de interés, dedique tiempo a:

- Escuchar con atención los comentarios que hagan los niños mientras juegan con la ropa de muñecas.

- Describir el proceso de vestir y desvestir muñecas. "Metiste el brazo de la muñeca por la manga de la camisa. Le quitaste el vestido por encima de la cabeza".

Lectura en voz alta

Lea el cuento *Se venden gorras.*

- Use Hablemos de Libros 01, *Se venden gorras,* y siga la orientación ofrecida en la tarjeta para realizar la tercera lectura en voz alta.

Grupos pequeños

Opción 1: Poner la mesa

- Consulte Enseñanza Intencional M01, "La hora de comer".

- Siga la orientación ofrecida en la tarjeta.

Opción 2: Hacer parejas de botones

- Consulte Enseñanza Intencional M04, "Tarjetas de números".

- Siga la orientación ofrecida en la tarjeta utilizando botones como el objeto pequeño manipulable.

Mega Minutos

- Use Mega Minutos 04, "Rima, rima, ma, me, mi".

Reunión final

- Recuerde los eventos del día.

- Repase con los niños la lista titulada: "¿Qué queremos averiguar acerca de la ropa?"

Investigación del tema

Introducción

Usted ya ha comenzado a escribir listas con las ideas y preguntas de los niños acerca de la ropa. Al poner en práctica el estudio, usted desarrollará investigaciones que ayudan a expandir las ideas, encontrar respuestas a preguntas y aprender destrezas y conceptos importantes. En esta sección se incluye planes diarios para investigar las preguntas hechas por los niños. Sin embargo, no se limite a estas sugerencias. Úselas como fuente de inspiración para diseñar experiencias adaptadas a su propio grupo de niños y a los recursos disponibles en su escuela y en su comunidad. Aunque es importante responder a las ideas de los niños y seguir sus sugerencias a medida que evoluciona su pensamiento, también es importante organizar el estudio y planear distintas posibilidades. Consulte las Experiencias sorprendentes, sugeridas en las páginas tituladas "Un vistazo", ya que estos eventos requieren ser planeados por anticipado.

Investigación 1

¿Qué características tiene la ropa?

	Día 1	Día 2	Día 3
Áreas de interés	**Arte:** ropa de diferentes tamaños y con distintas características **Computadoras:** la versión electrónica del libro *Ricitos de Oro y los tres osos*	**Bloques:** instrumentos de medición convencionales, p. ej., reglas, varas para medir, cintas para medir **Computadoras:** la versión electrónica del libro *Ricitos de Oro y los tres osos*	**Biblioteca:** accesorios de *Ricitos de oro y los tres osos*
Pregunta del día	¿Qué saben sobre el cuento *Ricitos de Oro y los tres osos?*	La etiqueta de sus camisetas, ¿tiene un número o está marcada con la letra *S, M* o *L*? (Tenga notas adhesivas para las respuestas.)	¿Qué figuras ven ustedes en su ropa?
Todo el grupo	**Canción:** "Palmadas y palabras" **Comentarios y escritura compartida:** Explorar los tamaños de la ropa **Materiales:** Mega Minutos 08, "Palmadas y palabras"; una prenda pequeña de ropa, camisetas pequeñas, medianas y grandes	**Rima:** "Rima, rima, ma, me, mi" **Comentarios y escritura compartida:** Los instrumentos de medición **Materiales:** Mega Minutos 04, "Rima, rima, ma, me, mi"; una bolsa o caja de instrumentos de medición convencionales	**Juego:** Descrubir figuras en la ropa **Comentarios y escritura compartida:** Mirar ropa de tamaño grande **Materiales:** Mega Minutos 20, "Un círculo es fácil"; tarjetas de figuras, instrumentos de medición, cámara digital
Lectura en voz alta	*Ricitos de Oro y los tres osos*	**Materiales:** accesorios para dramatizar *Ricitos de Oro y los tres osos* **Enseñanza Intencional LL06,** "Relatos dramatizados"	*Un bolsillo para Corduroy*
Grupos pequeños	**Opción 1: Hacer plastilina** Enseñanza Intencional M15, "Hacer plastilina"; (Consulte en la tarjeta el equipo, los ingredientes y la receta). **Opción 2: Panecillos** Enseñanza Intencional M10, "Panecillos" (Consulte en la tarjeta el equipo, los ingredientes y la receta).	**Opción 1: ¿Qué falta?** Enseñanza Intencional LL18, "¿Qué falta?"; colección de ropa; hoja de papel grande **Opción 2: Juegos para la memoria** Enseñanza Intencional LL08, "Juegos para la memoria"; juego de lotería o una serie de imágenes de ropa duplicadas	**Opción 1: Más grande que, más pequeño que, igual a** Enseñanza Intencional M09, "Más grande que, más pequeño que, igual a"; instrumentos de medición; bloques para consruir **Opción 2: Medir y comparar** Enseñanza Intencional M12, "Medir y comparar"; colección de ropa; instrumentos de medición no convencionales
Mega Minutos	Mega Minutos 18, "Estoy pensando en…"	Mega Minutos 20, "Un círculo es fácil"	Mega Minutos 27, "Papas para papá"

Día 4	Día 5
Juguetes y juegos: ropa de bebés, niños y adultos; instrumentos de medición convencionales y no convencionales **Computadoras:** la versión electrónica de *Botón, botón, ¿quién tiene el botón?*	**Arte:** materiales para escribir notas de agradecimiento
¿Qué tamaño de ropa creen ustedes que usan los bebés?	¿Cuántos botones tienen en su ropa?
Rima: "Rima, rima, ma, me, mi" **Comentarios y escritura compartida:** La visita de un bebé **Materiales:** Mega Minutos 04, "Rima, rima, ma, me, mi"; unas cuantas muestras de ropa de bebés; cámara digital	**Música:** Tambores **Comentarios y escritura compartida:** ¿Cómo se sostiene la ropa en el cuerpo? **Materiales:** tambores, otros objetos que puedan ser usados como tambores, camisa y pantalones con botones
Botón, botón, ¿quién tiene un botón?	*El mitón* Hablemos de Libros 02 (primera lectura en voz alta)
Opción 1: Libros pequeños, medianos y grandes Enseñanza Intencional LL04, "Hacer libros"; papel; lápices; crayones; materiales de encuadernación **Opción 2: Libros pequeños, medianos y grandes hechos en la computadora** Enseñanza Intencional LL02, "Hacer libros en la computadora"; cámara digital; computadora; impresora; implementos de encuadernación; papel; banco individual de palabras de cada niño	**Opción 1: Llevar la cuenta de características de la ropa** Enseñanza Intencional M06, "Llevar la cuenta"; papel, tablillas con sujetapapeles, lápices **Opción 2: ¿Cómo se sostiene la ropa en el cuerpo?** Enseñanza Intencional M11, "Graficar"; ajustadores para la ropa, p. ej., cremalleras, Velcro®, botones, cordones
Mega Minutos 74, "Tin marín"	Mega Minutos 25, "¡Alto!"; música para bailar; tarjetas de letras

Dedique tiempo para…

Experiencias al aire libre

Instrumentos de medición

- Después de mostrar las reglas y cintas para medir durante el periodo con todo el grupo, lleve estos elementos al aire libre para que los niños las usen.
- Proporcione tablillas con sujetapapeles y lápices para que puedan escribir las medidas de los objetos.

Ejercicio divertido

- Enseñanza Intencional P12: "Explorar trayectorias"

Colaboración con las familias

- Pida a los parientes de los niños que traigan ropa usada por sus niños cuando eran bebés.
- Sugiera a las familias que lean y discutan con sus niños la versión electrónica de los libros *Ricitos de Oro y los tres osos* y *Botón, botón, ¿quién tiene el botón?*

Experiencias sorprendentes

- Día 3: Visita de un papá u otro hombre de la familia.
- Día 4: Visita de un pariente con un bebé.

¿Qué características tiene la ropa?

Vocabulario

Español: *pequeño, mediano, grande, tamaño*

Inglés: *small, medium, large, size*

Todo el grupo

Rutina inicial

- Canten una bienvenida y hablen de quiénes están presentes.

Canción: "Palmadas y palabras"

- Repase Mega Minutos 08, "Palmadas y palabras".

- Siga la orientación ofrecida en la tarjeta usando la canción "Palmadas y palabras".

> **En esta actividad, usted ayudará a que los niños fortalezcan su habilidad de reconocer sonidos (conocimiento fonológico) prestando atención a una palabra específica en una oración.**

Comentarios y escritura compartida: Explorar los tamaños de la ropa

- Haga de cuenta que se va a poner una prenda de ropa que es demasiado pequeña.

- Consulte la lista titulada "¿Qué sabemos acerca de la ropa?" y diga, "Sofía dijo que la ropa es de distintos tamaños. Así que este debe ser el tamaño equivocado".

- Pregunte, "¿Cómo podemos saber la talla, o sea el tamaño, de la ropa o de los zapatos que usamos?"

- Escriba las respuestas de los niños en un pliego de papel grande.

- Permítales examinar las etiquetas en su propia ropa o en la de sus compañeros y comente o escriba las respuestas ofrecidas.

- Extienda una camiseta pequeña, una mediana y una grande y pregúnteles a los niños qué notan al mirarlas.

- Invite a varios niños a que se las pongan y comenten si la ropa les queda bien de tamaño. Saque fotos de esta experiencia.

Antes de hacer la transición a las áreas de interés, dígale a los niños que la muestra de ropa que hay en el área del arte puede darles algunas ideas para cuando pinten en los caballetes.

Hora de escoger

Al interactuar con los niños en las áreas de interés, dedique tiempo a:

- Observar cómo usan la ropa como fuente de inspiración para pintar. Para animar su imaginación, hágales varias preguntas antes de comenzar. "¿Qué notan al mirar esta ropa? ¿Cuál creen que es la más fácil de poner? ¿Cuál abriga más? ¿Por qué?"

Lectura en voz alta

Lea el cuento *Ricitos de Oro y los tres osos.*

- **Antes de leer**, recuerde a los niños la pregunta del día: "¿Qué saben sobre este cuento?"

- **Mientras lee**, hable de los tamaños de los osos, los platos, las sillas y las camas, y relacionen esta información con los tamaños de las camisetas que observaron con todo el grupo.

- **Después de leer**, pregúnteles qué accesorios se necesitan para dramatizar el cuento. Escriba la lista en un pliego de papel grande o en una pizarra. Invite a los niños a que le ayuden a reunir los accesorios necesarios. Diga a los niños que la versión electrónica estará disponible en la computadora.

Niños que aprenden una segunda lengua
Para ayudar a los niños que están aprendiendo una segunda lengua a identificar accesorios, pídales que señalen objetos en las ilustraciones del libro o en el salón, por ejemplo, las sillas. Luego, confirme que los niños han comprendido y demuestre cómo usar el lenguaje para hablar de los objetos. Diga, p. ej., "Así es, para dramatizar el cuento necesitamos una silla pequeña". Ponga énfasis en el nombre del accesorio.

Grupos pequeños

Opción 1: Hacer plastilina

- Consulte Enseñanza Intencional M15, "Plastilina".

- Después de hacer plastilina, anime a los niños a usarla para representar objetos pequeños, medianos y grandes.

Opción 2: Panecillos

- Use Enseñanza Intencional M10, "Panecillos", para hacer masa con los niños.

- Use cortadores de galletas pequeños, medianos y grandes para cortar distintas figuras (o use vasos de plástico de distintos tamaños). Hable con los niños acerca de los distintos tamaños mientras trabajan.

Mega Minutos

- Use Mega Minutos 18, "Estoy pensando en…"

Reunión final

- Recuerde los eventos del día.

- Invite a los niños que hayan pintado en el caballete durante la hora de escoger actividades a que le muestren al grupo sus obras inspiradas en la ropa exhibida.

¿Qué características tiene la ropa?

Vocabulario

Español: *cinta para medir, vara para medir, regla, medir, largo, corto*

Inglés: *tape measure, yardstick, ruler, measure, long, short*

Todo el grupo

Rutina inicial

- Canten una bienvenida y hablen de quiénes están presentes.

Rima: "Rima, rima, ma, me, mi"

- Repase Mega Minutos 04, "Rima, rima, ma, me, mi". Haga la variación "saltar las sílabas" que está en el reverso de la tarjeta.

> **Usando de esta nueva manera la rima "Rima, rima, ma, me, mi", los niños pueden practicar cómo dividir las palabras en sílabas de manera divertida.**

Comentarios y escritura compartida: Los instrumentos de medición

- Muestre fotos de la experiencia del día anterior para recordarles a los niños la importancia de escoger ropa de la talla adecuada.

- Consulte la pregunta del día y separe notas adhesivas según el tamaño.

- Use una bolsa o una caja de sorpresas para presentar o repase diversos instrumentos de medición convencionales, p. ej., una cinta para medir, una regla, una vara para medir, un medidor de pies.

- Haga preguntas de respuesta abierta acerca de estos instrumentos, p. ej., "¿Qué podríamos *medir* con esto?" "¿Cuál sería mejor para medir la altura de la puerta?"

- Pase los instrumentos para que los niños los examinen.

- Demuestre cómo medir a una persona usando una cinta para medir y hablen de la importancia de saber el largo de los pantalones o de un vestido.

- Explique que la ropa y los zapatos vienen en distintos tamaños y, por eso, debemos medir nuestro cuerpo para saber cuánto medimos y qué tallas necesitamos.

> **Usar una estrategia como una bolsa de sorpresas ayuda a que los niños presten atención. Persistir en una tarea es importante para desarrollar la autorregulación cognitiva.**

Antes de hacer la transición a las áreas de interés, hable con los niños acerca de los instrumentos de medición, disponibles en el área de los bloques, y mencione cómo podrían usarlas.

Hora de escoger

Al interactuar con los niños en las áreas de interés, dedique tiempo a:

- Observar cómo miden los objetos.

- Animarles a leer los números que hay en los instrumentos.

- Proporcionar papel y lápiz para escribir las medidas observadas, si expresan interés en hacerlo.

Lectura en voz alta

- Lea de nuevo el cuento *Ricitos de Oro y los tres osos.* Invite a los niños a representarlo con los accesorios reunidos el día anterior.

- Para obtener más información, consulte Enseñanza Intencional LL06, "Relatos dramatizados".

- Pida a los niños que midan longitudes en las personas y que las comparen. (p. ej., "¿Cuánto mide tu pie? Ahora midamos el mío. ¿Cuál es más largo?")

Relatar de nuevo cuentos ayuda a que los niños desarrollen destrezas de comprensión. Para obtener más información acerca de esta estrategia, consulte la sección de estrategias de enseñanza en *El Currículo Creativo para educación preescolar, Volumen 3: Lectoescritura.*

Grupos pequeños

Opción 1: Qué falta

- Consulte Enseñanza Intencional LL18, "¿Qué falta?"

- Para realizar el juego usando prendas de ropa, siga la orientación ofrecida en la tarjeta.

Opción 2: Juegos para la memoria

- Consulte Enseñanza Intencional LL08, "Juegos para la memoria" y siga la orientación ofrecida en la tarjeta.

- Use un juego de concentración o de lotería que tenga en su salón de clase o elabore uno pegando fotos de prendas iguales en tarjetas de 3 x 5 pulgadas.

Estos juegos ayudan a que los niños fortalezcan la memoria visual. Esta destreza será importante para desarrollar la lectoescritura a medida que los niños recuerden letras o palabras. En matemáticas, ellos usarán esta destreza para reconocer los números, las figuras y los patrones.

Mega Minutos

- Use Mega Minutos 20, "Un círculo es fácil".

Reunión final

- Recuerde los eventos del día.

- Recuérdele al grupo que el papá de uno de ellos o uno de los hombres de la familia vendrá a visitar el salón de clase al día siguiente. Hablen del tamaño de la ropa que podría usar.

- Pídales que piensen en preguntas que desearían hacerle a ese papá acerca del tamaño de su ropa y escriba las preguntas ofrecidas en una lista titulada "¿Qué queremos averiguar acerca de la ropa?"

Investigación 1

¿Qué características tiene la ropa?

Vocabulario

Español: *más grande, más pequeño, igual, medir*

Inglés: *bigger, smaller, equal, measure*

Todo el grupo

Rutina inicial

- Canten una bienvenida y hablen de quiénes están presentes.

Juego: Descubrir figuras en la ropa

- Repase Mega Minutos 20, "Un círculo es fácil". Siga la orientación ofrecida en la tarjeta.

Comentarios y escritura compartida: Mirar ropa de tamaño grande

- Presente el invitado a los niños, o pídale al niño que sea su familiar, que lo presente.

- Pídale que muestre la ropa que traiga a la clase.

- Pregúntele qué talla de ropa usa y consulte la lista de preguntas que hicieron los niños el día anterior.

- Permítales hacer las preguntas que le dictaron a usted el día anterior y comparar el tamaño de su ropa con la del papá.

- Si el visitante trajo una foto de cuando era bebé, pídale que la muestre. Comparen la ropa que tenía en la foto con el tamaño de la ropa que usa ahora.

- Sugiera a los niños que midan la ropa del padre visitante con instrumentos de medición convencionales, p. ej., una regla o cinta para medir, y no convencionales, p. ej., cubos que se conectan o clips.

- Escriba los comentarios y observaciones hechas por los niños.

- Hable de la pregunta del día. Luego pregunte, "¿Ven alguna figura en la ropa de nuestro visitante?"

> **Tome fotos de los visitantes y de las investigaciones de los niños para documentar el aprendizaje y poder mirar estas fotos a lo largo del estudio. Escriba una oración debajo de cada foto describiendo lo que ocurre.**

Antes de hacer la transición a las áreas de interés, hable con los niños de los accesorios del cuento *Ricitos de Oro y los tres osos*, disponibles en la biblioteca, y mencione cómo podrían usarlos.

Hora de escoger

Al interactuar con los niños en las áreas de interés, dedique tiempo a:

- Observar la habilidad de cada uno para recordar los eventos del cuento. Preste atención a la manera como negocian los roles e interactúan entre sí durante el relato.

Niños que aprenden una segunda lengua
Para que los niños que aún no tienen un dominio oral demuestre el lenguaje que se usaría en diferentes roles para que los niños se familiaricen con él.

Lectura en voz alta

Lea el cuento *Un bolsillo para Corduroy*.

- **Antes de leer**, señale y lea el título del libro; pregunte, "¿De qué creen que se trata el libro?"

- **Mientras lee**, pregúnteles, "¿Ustedes tienen bolsillos en su ropa? ¿Por qué son importantes los bolsillos?"

- **Después de leer**, ayude a que los niños examinen las predicciones que hicieron con respecto al cuento.

Grupos pequeños

Opción 1: Más grande que, más pequeño que, igual a

- Consulte Enseñanza Intencional M09, "Más grande que, más pequeño que, igual a", y siga la orientación ofrecida en la tarjeta.

Opción 2: Medir y comparar

- Consulte Enseñanza Intencional M12, "Medir y comparar", y siga la orientación ofrecida en la tarjeta para medir prendas de ropa de la colección.

Mega Minutos

- Use Mega Minutos 27, "Papas para papá".

Reunión final

- Recuerde los eventos del día.

- Recuerde a los niños que un bebé vendrá al día siguiente a visitar el salón de clase. Pídales que piensen en preguntas que desearían hacerle al pariente acerca de la ropa del bebé. Escriba en un pliego de papel grande las preguntas ofrecidas.

¿Qué características tiene la ropa?

Vocabulario

Español: *nervioso*

Inglés: *nervous*

Todo el grupo

Rutina inicial

- Canten una bienvenida y hablen de quiénes están presentes.

Rima: "Rima, rima, ma, me, mi"

- Repase Mega Minutos 04, "Rima, rima, ma, me, mi". Siga la orientación ofrecida en la tarjeta.

Comentarios y escritura compartida: La visita de un bebé

- Presente el pariente y el bebé a los niños.

- Explíquele al grupo que los bebés se asustan con los ruidos fuertes y por eso deben hablar en voz baja mientras el bebé esté en el salón.

> Al inicio de un evento o actividad, diga a los niños cómo deben comportarse. Esto los prepara para trabajar bien y reduce la posibilidad de que se planteen situaciones de compartamiento problemático.

- Explíqueles que algunos bebés se sienten nerviosos si mucha gente los toca. Dígales que, antes de tocar al bebé que vino a visitarlos, es importante pedirle permiso a la persona encargada de su cuidado.

- Invite al pariente a describir la ropa que está usando el bebé.

- Pídale mostrar algunos ejemplos, o proporciónelos usted, de la ropa que usaba el bebé cuando era recién nacido. Compare estas muestras con el tamaño de la ropa que el bebé usa ahora, la ropa que usan los niños y la camiseta que uno de los hombres de la familia trajo cuando visitó el salón de clase.

- Escriba las ideas ofrecidas por los niños y tome fotos del evento.

Antes de hacer la transición a las áreas de interés, hable de la ropa de bebé y los instrumentos de medición, disponibles en el área de juguetes y juegos, y mencione cómo podrían usarlos.

Hora de escoger

Al interactuar con los niños en las áreas de interés, dedique tiempo a:

- Escuchar las conversaciones que tengan mientras miden la ropa de los bebés.

- Hacerles preguntas: "¿Cuál es más grande? ¿Cómo lo saben? ¿Cuántos cubos creen que mide de largo? ¿Cómo pueden comprobar si calcularon lo correcto?"

Lectura en voz alta

Lea el cuento, *Botón, botón, ¿quién tiene un botón?*

- **Antes de leer**, señale y lea el título del libro; pregunte, "¿De qué creen que se trata el libro?"

- **Mientras lee**, escoja unas cuantas páginas para señalar los objetos en el libro y contarlos.

- **Después de leer**, pregunte, "¿Cuántos botones tienen en su ropa?" Si es necesario, ayude a los niños a contarlos. Diga a los niños que la versión electrónica estará disponible en la computadora.

Niños que aprenden una segunda lengua
Cuente en las lenguas que se hablan en los hogares de los niños y en la lengua que se habla en el salón. Esto les brindará la oportunidad a quienes están aprendiendo una segunda lengua de sentirse incluidos y familiarizará a todos los niños con otros idiomas.

Grupos pequeños

Opción 1: Libros pequeños, medianos y grandes

- Use Enseñanza Intencional LL04, "Hacer libros" y siga la orientación ofrecida en la tarjeta.

- Ayude a los niños a recordar los comentarios que hicieron acerca de los tamaños de la ropa.

- Anímeles a pensar en otras cosas que también son pequeñas, medianas y grandes para que las representen en su libro.

Opción 2: Libros pequeños, medianos y grandes hechos en la computadora

- Use Enseñanza Intencional LL02, "Hacer libros en la computadora" y siga la orientación ofrecida en la tarjeta.

- Sugiera tomar fotos de objetos pequeños, medianos y grandes para hacer el libro.

Mega Minutos

- Use Mega Minutos 74, "Tin marín".

Reunión final

- Recuerde los eventos del día.

- Invite a los niños a mostrarle al resto del grupo los libros que hicieron durante el periodo en grupos pequeños.

Investigación 1

¿Qué características tiene la ropa?

Vocabulario

Consulte vocabulario adicional en Hablemos de Libros 02, *El mitón* (*The Mitten*).

Todo el grupo

Rutina inicial

- Canten una bienvenida y hablen de quiénes están presentes.

Música: Tambores

- Use un tambor real para demostrar cómo se puede tocar, p. ej., fuerte o suave, rápido o despacio.

- Hable sobre la diferencia entre hacer ruido y tocar música.

- Explique que en muchos lugares las personas no usan instrumentos musicales pero tocan música usando los objetos que tienen su alrededor.

- Déle a cada niño un objeto casero o permítale buscar algo en el salón que se pueda usar como tambor.

- Enséñeles cómo sostener el tambor en posición de descanso hasta que todos estén listos.

- Toque el compás de una melodía conocida e invite a los niños a tocarla con usted.

> **Enseñar a los niños a mantener el instrumento en posición de descanso, ayuda a que controlen el impulso de tocarlo, y controlar los impulsos es parte de la autorregulación.**

Comentarios y escritura compartida: ¿Cómo se sostiene la ropa en el cuerpo?

- Muestre una camisa y pantalones con botones.

- Diga que los botones permiten que la ropa no se caiga del cuerpo. Repase la pregunta del día para saber cuántos botones tienen en su ropa.

- Pregunte, "¿De qué otra manera se sostiene la ropa en el cuerpo?"

- Escriba las respuestas en un pliego de papel grande o en una pizarra.

Antes de hacer la transición a las áreas de interés, hable de los materiales disponibles en el área de arte que se pueden usar para escribir notas de agradecimiento para los parientes que visitaron la clase.

> **Escribir notas de agradecimiento enseña a los niños destrezas sociales y además les ayuda a comprender que se usa el lenguaje escrito para transmitir un mensaje.**

Hora de escoger	Al interactuar con los niños en las áreas de interés, dedique tiempo a: • Escribir lo que digan ellos en las tarjetas de agradecimiento.	• Animarles a escribir tanto como puedan, incluyendo su firma.

Lectura en voz alta	Lea el cuento *El mitón*. • Use Hablemos de Libros 02, *El mitón,* y siga la orientación ofrecida en la tarjeta para realizar la primera lectura en voz alta.

Grupos pequeños

Opción 1: Llevar la cuenta de características de la ropa

• Consulte Enseñanza Intencional M06, "Llevar la cuenta".

• Anime a los niños a pensar en categorías para los tipos de características que desearían contar, p. ej., tiene botones, tiene cremalleras, tiene cordones, tiene lazos y tiene Velcro®.

Opción 2: Cómo se sostiene la ropa en el cuerpo

• Consulte Enseñanza Intencional M11, "Graficar".

• Ayude a que los niños examinen su propia ropa y escriba las ideas que tengan respecto a qué sostiene la ropa en el cuerpo.

• Ponga al alcance de los niños algunos de los elementos que ellos sugieran para que puedan observarlos, p. ej., pedazos de Velcro®, elástico, botones, cremalleras, broches y cordones.

• Siga la orientación ofrecida en la tarjeta, fijando las categorías según las características que los niños identificaron, p. ej., con botones, con broches, etcétera.

Mega Minutos

• Use Mega Minutos 25, "¡Alto!" Haga la variación de letra que está en el reverso.

Reunión final

• Recuerde los eventos del día.

• Invite a los niños a compartir con el grupo lo que hayan descubierto en el periodo en grupos pequeños.

Investigación 2

¿Cómo cuidamos de la ropa?

	Día 1	Día 2	Día 3
Áreas de interés	**Arena y agua:** jabón en polvo, líquido y en barra; batidores **Juego dramático:** canastas para la ropa **Computadoras:** la versión electrónica del libro *Lavar y secar*	**Arena y agua:** jabón y batidores usados en la experiencia del día anterior	**Biblioteca:** sellos de letras **Arte:** papel con distintas clases de líneas dibujadas, rectas, en zigzag, curvas (dos líneas por hoja de papel)
Pregunta del día	¿Qué jabón hace las mejores burbujas: líquido, en polvo o en barra?	¿Qué jabón limpia mejor: líquido, en polvo o en barra?	¿Pueden encontrar algo en el salón que tenga una línea recta y algo que tenga una línea curva?
Todo el grupo	**Música:** Patrones al tambor **Comentarios y escritura compartida:** Lavar ropa **Materiales:** tambores u objetos para usar como tambores; una prenda de ropa sucia o manchada; Mega Minutos 26, "Patrones de palmadas"; *Lavar y secar*; tablilla de lavar; Enseñanza Intencional SE01, "Visitas a sitios"	**Movimiento:** Moverse como una lavadora o una secadora **Comentarios y escritura compartida:** Recordar una visita a la lavandería o leer el cuento *Lavar y secar* **Materiales:** el cuento *Lavar y secar*; una cuerda y pinzas para colgar ropa	**Canción:** "Cucú, cucú, cantaba la rana" **Comentarios y escritura compartida:** Encontrar y hacer líneas **Materiales:** Mega Minutos 06, "Así lo hago yo"; cuerda para colgar ropa
Lectura en voz alta	*El mitón* Hablemos de Libros 02 (segunda lectura en voz alta)	*Llama, la llama de rojo pijama*	*El mitón* Hablemos de Libros 02 (tercera lectura en voz alta)
Grupos pequeños	**Opción 1: Sellos de letras** Enseñanza Intencional LL07, "Letras, letras y más letras"; sellos del alfabeto; almohadillas de tinta; papel de construcción o letras magnéticas y un tablero **Opción: Letras en crema de afeitar** Enseñanza Intencional LL13, "Letras hechas en crema de afeitar"; crema de afeitar	**Opción 1: Botones con letras** Enseñanza Intencional LL03, "Tarjetas de letras"; botones; tarjetas de letras **Opción 2: Letras con texturas** Enseñanza Intencional LL15, "Letras con texturas"; letras recortadas en una variedad de telas	**Opción 1: Observar cambios** Enseñanza Intencional M07, "Cubos de hielo"; cubos de hielo; toallas de papel; vasos de papel; instrumentos de medición **Opción 2: Helado en bolsa** Enseñanza Intencional M08, "Helado en bolsa" (Consulte en la tarjeta el equipo, los ingredientes y la receta.)
Mega Minutos	Mega Minutos 53, "Yo tenía cinco perritos"	Mega Minutos 22, "Caliente o frío Figuras 3D"; figuras tridimensionales	Mega Minutos 19, "Veo, veo con mis binóculos"

Biblioteca: cuerda para colgar ropa y accesorios o los accesorios para bolsi-cuentos

Computadoras: la versión electrónica del libro *Lavar y secar*

¿La ropa que tienen puesta tiene bolsillos?

Libro: *Un bolsillo para Corduroy*

Comentarios y escritura compartida: Cómo arreglar ropa

Materiales: Mega Minutos 04, "Rima, rima, ma, me, mi"; *Un bolsillo para Corduroy*; una prenda de ropa rota, implementos para remendar ropa, p. ej., parches, una cremallera, Velcro®, un botón, aguja e hilo

Lavar y secar

Opción 1: Relatos dramatizados

Enseñanza Intencional LL06, "Relatos dramatizados"; *El mitón*; accesorios para el relato

Opción 2: Te voy a contar un cuento

Enseñanza Intencional LL09, "Te voy a contar un cuento: *El mitón*"; un bolsillo en forma de mitón; accesorios o imágenes

Mega Minutos 13, "Simón dice"

Experiencias al aire libre

Caminar por la línea

- Trace líneas largas afuera con cinta de enmascarar o tiza para aceras.

- Muestre a los niños cómo caminar sobre ellas, p. ej., al caminar en línea recta deben mantener recto el cuerpo; al caminar en líneas curvas deben caminar doblando la espalda, etc.

Búsqueda de líneas

- Anime a los niños a buscar distintas líneas afuera. Use una cámara digital para tomar fotos, o permítales tomar fotos de las líneas que encuentren.

- Haga un libro de líneas usando las fotos tomadas por los niños o descárguelas en la computadora del salón para que puedan mirarlas.

Colaboración con las familias

- Pida a los miembros de la familia que acompañen al grupo a visitar un lugar.

- Invite a algún pariente que sepa coser a que visite el salón durante la Investigación 3, "¿Cómo se hace la ropa?"

- Sugiera a las familias que lean y discutan con sus niños la versión electrónica del libro *Lavar y secar.*

Experiencias sorprendentes

- Día 1: Visita a una lavandería

Cuando llame para programar la visita, hable con la persona que administre el lugar para acordar, si es posible, que los niños entrevisten a un empleado.

¿Cómo cuidamos de la ropa?

Vocabulario

Español: *polvo, líquido, en barra, lavandería*

Inglés: *powder, liquid, solid, laundromat*

Consulte vocabulario adicional en Hablemos de Libros 02, *El mitón* (*The Mitten*).

Todo el grupo

Rutina inicial

- Canten una bienvenida y hablen de quiénes están presentes.

Música: Patrones al tambor

- Déle a cada niño un tambor o un objeto casero o sugiera buscar algo en el salón que se pueda usar como tambor.

- Recuérdeles cómo sostener el instrumento en posición de descanso hasta que todo el grupo esté listo.

- Use Mega Minutos 26, "Patrones de palmadas".

- Siga la orientación ofrecida en la tarjeta para usar los tambores.

> **Pedir a los niños que sostengan los instrumentos en posición de descanso ayuda a que aprendan a controlarse, pues deben contener su deseo de tocar el instrumento hasta que sea dada la señal.**

Comentarios y escritura compartida: Lavar ropa

- Muestre una prenda de ropa que esté visiblemente sucia y pregunte: "¿Qué creen que debo hacer para limpiar esto?"

- Después de que los niños ofrezcan sus ideas, explique, "La gente lava la ropa de muchas maneras".

- Lea el cuento *Lavar y secar*.

- Si es posible, use una tablilla de lavar para hacer una demostración.

- Si está planeando hacer una visita a una lavandería, pregunte: "¿Recuerdan el nombre del lugar donde hay muchas lavadoras y secadoras?" Use el término lavandería.

- Pregunte, "¿Qué creen que veríamos allí? ¿Qué desearían preguntarle a la persona que trabaja en la lavandería?" Escriba las preguntas de los niños.

Antes de hacer la transición a las áreas de interés, hable de las distintas clases de jabón (*en polvo, líquido y en barra*) y los batidores disponibles en la mesa del agua, y de las canastas de ropa disponibles en el área de juego dramático. Explique cómo podrían usarlos.

Niños que aprenden una segunda lengua
Muestre ejemplos de cada tipo de jabón al nombrarlos.

> **Recuerde a los niños cómo espera que se comporten. (Para obtener más información, consulte Enseñanza Intencional SE01, "Visitas a sitios").**

Hora de escoger

Mientras interactúa con los niños en las áreas de interés, dedique tiempo a:

- Observar a los niños haciendo burbujas.

- Repasar la pregunta del día y verificar sus predicciones.

- Describir el proceso de separar la ropa de colores claros y oscuros antes de lavarla. Anime a los niños a separar prendas de ropa usando canastas del área de juego dramático.

Lectura en voz alta

Lea el cuento *El mitón*.

- Consulte Hablemos de Libros 02, *El mitón*, y siga la orientación ofrecida para realizar la segunda lectura en voz alta.

Grupos pequeños

Opción 1: Sellos de letras

- Consulte Enseñanza Intencional LL07, "Letras, letras y más letras", y siga la orientación ofrecida en la tarjeta.

Opción 2: Letras en crema de afeitar

- Consulte Enseñanza Intencional LL13, "Letras en crema de afeitar", y siga la orientación ofrecida en la tarjeta.

> **Proporcionar a los niños múltiples maneras de explorar el alfabeto ayuda a que comiencen a reconocer y a nombrar las letras.**

Mega Minutos

- Use Mega Minutos 53, "Yo tenía cinco perritos".

Reunión final

- Recuerde los eventos del día.

- Explique, "Mañana vamos a adivinar y a comprobar con qué tipo de jabón se limpia mejor la ropa. Pregunten en casa qué clase de jabón creen que limpia mejor: el jabón *en polvo*, el *líquido* o el jabón *en barra*".

¿Cómo cuidamos de la ropa?

Vocabulario

Español: *lavandería, cuerda para secar ropa, polvo, líquido, en barra*

Inglés: *laundromat, clothesline, powder, liquid, solid*

Todo el grupo

Rutina inicial

- Canten una bienvenida y hablen de quiénes están presentes.

Movimiento: Moverse como una lavadora o una secadora

- Diga a los niños: "Vamos a crear con nuestros cuerpos una lavandería imaginaria. Vamos a pensar en los movimientos y los sonidos que hace una lavadora y una secadora. Hoy seremos máquinas".

- Pídales que mantengan los pies en el mismo lugar mientras mueven el cuerpo creativamente y con ritmo como una máquina lavadora.

- Anímelos a producir distintos sonidos rítmicos. Pídales que imiten el sonido de la lavadora cuando da vueltas y escurre la ropa, y el sonido de la secadora.

- Túrnense para presionar los botones imaginarios de la lavadora, insertar las monedas y poner a funcionar una o todas las máquinas.

Comentarios y escritura compartida: Recordar una visita a la lavandería

- Recuerden la visita realizada el día anterior.

- Muestre las páginas del cuento *Lavar y secar* donde se describe una lavandería. Si los niños visitaron la *lavandería*, comparen la experiencia que hayan tenido con la del libro. Escriba las respuestas ofrecidas.

Antes de hacer la transición a las áreas de interés, mencione la ropa sucia y las tres clases de jabón, *en polvo, líquido, en barra*, que hay en la mesa del agua. Demuestre el proceso de colgar a secar la ropa en una *cuerda para secar ropa*. Si usted no tiene fácil acceso a la zona al aire libre desde su salón, o si hace mucho frío para colgar la ropa afuera, cuelgue una cuerda en el área de arena y agua, y coloque toallas en el piso debajo de la cuerda para que absorban el agua que pueda caer.

Hora de escoger

Mientras interactúa con los niños en las áreas de interés, dedique tiempo a:

- Observar a los niños mientras experimentan con las distintas clases de jabón. Anímelos a escribir sus hallazgos en la lista de la pregunta del día.

- Describir cómo *la barra* de jabón se ablanda y cambia de estado físico si se deja en agua por un rato.

> **Explorar y experimentar con el jabón en barra, líquido y en polvo ayuda a que los niños comprendan las propiedades físicas de los objetos y cómo estos cambian; ambos son conceptos científicos importantes.**

Lectura en voz alta

Lea el cuento *Llama, la llama de rojo pijama*.

- **Antes de leer**, recuérdeles a los niños que la llamita se pone un pijama rojo para dormir. Pregúnteles, "¿Qué usan ustedes a la hora de dormir?" Escriba sus respuestas.

- **Mientras lee**, haga pausas para que los niños digan palabras que rimen (verdaderas o inventadas) con algunas palabras del libro.

- **Después de leer**, miren las páginas del libro y hablen de la rutina de la llamita a la hora de dormir (p. ej., lee un libro con la mamá, abraza un animal de peluche, le dan besos, pide algo de beber). Anime a los niños a describir sus rutinas a la hora de dormir. "¿Qué hacen ustedes antes de acostarse a dormir en la noche?"

Grupos pequeños

Opción 1: Letras hechas con botones

- Consulte Enseñanza Intencional LL03, "Tarjetas de letras", y siga la orientación en la tarjeta usando botones para formar las letras.

Opción 2: Letras con texturas

- Consulte Enseñanza Intencional LL15, "Letras con texturas", y siga la orientación en la tarjeta usando distintas telas para hacer las letras.

Mega Minutos

- Use Mega Minutos 22, "Caliente o frío Figuras 3D".

Reunión final

- Recuerde los eventos del día.

- Comenten la pregunta del día y comparen las predicciones hechas por los niños al comienzo del día con lo que hayan descubierto durante la hora de escoger actividades.

- Escriban una nota de agradecimiento del grupo al propietario de la lavandería. Invite a los niños a hacer dibujos y escribir sus nombres en la nota.

¿Cómo cuidamos de la ropa?

Vocabulario

Español: *recta, curva, inclinada*

Inglés: *straight, curve, slant*

Consulte vocabulario adicional en Hablemos de Libros 02, *El mitón* (*The Mitten*).

Todo el grupo

Rutina inicial

- Canten una bienvenida y hablen de quiénes están presentes.

Canción: "Cucú, cucú cantaba la rana"

- Repase Mega Minutos 06, "Así lo hago yo".

- Adapte la canción para incluir "…lavar la ropa", "…secar la ropa", "…colgar la ropa" y "…doblar la ropa".

Niños que aprenden una segunda lengua
Observe atentamente a los niños que están aprendiendo una segunda lengua cuando todo el grupo cante junto, ya que aquellos que no han hablado antes esa lengua frente a otros a menudo comienzan a usarlo por primera vez al cantar en grupo.

Comentarios y escritura compartida: Encontrar y hacer líneas

- Muestre la cuerda para colgar ropa que los niños usaron el día anterior y recuérdeles cómo usarla.

- Explique a los niños que la cuerda para colgar ropa forma una línea. Pregunte, "¿Dónde más podemos encontrar líneas?"

- Recuerde a los niños la pregunta del día.

- Pídales que busquen algo en el salón con una línea *recta* o con una línea *curva*. Explique que algunas líneas rectas van de arriba hacia abajo y otras van de un lado a otro. A veces, una línea recta está *inclinada* hacia un lado.

- Anote los lugares donde encontraron líneas, p. ej., "La mesa circular tiene una línea curva".

- Dígales, "También podemos hacer líneas con nuestro cuerpo".

- Anímeles a ponerse de pie o acostarse para hacer líneas con el cuerpo.

Antes de hacer la transición a las áreas de interés, hable de los sellos de letras y el papel con líneas para recortar, disponibles en el área del arte, y mencione cómo podrían usarlos.

Hora de escoger

Al interactuar con los niños en las áreas de interés, dedique tiempo a:

- Observar su habilidad para cortar siguiendo distintas líneas.

- Observar cómo usan los niños los sellos de letras. ¿Estampan al azar en la página o lo hacen de izquierda a derecha, como al leer y al escribir? Note qué letras pueden identificar correctamente y si tratan de formar alguna palabra.

Lectura en voz alta

- Lea el cuento *El mitón* y siga la orientación ofrecida en la tarjeta para realizar la tercera lectura en voz alta.

Grupos pequeños

Opción 1: Observar cambios

- Consulte Enseñanza Intencional M07, "Cubos de hielo", y siga la orientación ofrecida en la tarjeta para observar cómo se derrite un cubo de hielo.

Opción 2: Helado en bolsa

- Consulte Enseñanza Intencional M08, "Helado en bolsa", y siga la orientación en la tarjeta.

Mega Minutos

- Use Mega Minutos 19, "Veo, veo con mis binóculos". Use la variación del sonido inicial que está en la tarjeta.

Reunión final

- Recuerde los eventos del día.

- Pida a los niños que hayan cortado líneas que hablen de sus experiencias. Pregúnteles, "¿Qué líneas fueron más fáciles de cortar? ¿Cuáles fueron más difíciles? ¿Por qué?"

Investigación 2

¿Cómo cuidamos de la ropa?

Vocabulario

Español: *arreglar*

Inglés: *mend*

Todo el grupo

Rutina inicial

- Canten una bienvenida y hablen de quiénes están presentes.

Rima: "Rima, rima, ma, me, mi"

- Repase Mega Minutos 04, "Rima, rima, ma, me, mi". Siga la orientación ofrecida en la tarjeta.

Comentarios y escritura compartida: Cómo arreglar ropa

- Repase la pregunta del día.

- Lea el cuento *Un bolsillo para Corduroy*. Comente cómo Lisa le hace un bolsillo a Corduroy.

- Muestre una prenda de ropa rota y pregunte si alguna vez se les ha roto la ropa.

> **Consulte Enseñanza Intencional LL43, "Introducir vocabulario nuevo", para obtener ideas sobre cómo ampliar el vocabulario de los niños.**

- Pregúnteles, "¿Qué harían ustedes si se les rompe la ropa y necesitan *arreglarla*?"

- Explique la expresión *arreglar* ropa y muéstreles varios accesorios necesarios para arreglarla, p. ej., parches, una cremallera, Velcro®, o un botón con aguja e hilo.

- Anime a los niños a explorar los materiales y a hacer preguntas acerca de ellos.

Antes de hacer la transición a las áreas de interés, diga a los niños que *Lavar y secar* estará disponible en la computadora en el área de las computadoras.

Hora de escoger

Mientras interactúa con los niños en las áreas de interés, dedique tiempo a:

- Observar la habilidad que tienen para recordar y contar de nuevo los eventos del cuento.

- Observar a los niños mientras usan la computadora; ofrezca ayuda si es necesario.

Lectura en voz alta

Lea el cuento *Lavar y secar.*

- **Antes de leer**, señale y lea el título del libro.

- **Mientras lee,** pregunte, "¿Así lavan ustedes la ropa en casa?"

- **Después de leer**, escriba a lo largo de la parte superior de un pliego de papel grande todas las maneras en que la gente lavó la ropa en el libro. Invite a los niños a escribir sus nombres debajo del método que usan con sus familias en casa para lavar su ropa. Comenten el diagrama, p. ej., cuatro niños van a la lavandería a lavar la ropa y seis niños usan una máquina lavadora en casa.

Grupos pequeños

Opción 1: Relatos dramatizados

- Consulte Enseñanza Intencional LL06, "Relatos dramatizados", y siga la orientación ofrecida en la tarjeta usando el cuento *El mitón.*

Opción 2: Te voy a contar un cuento

- Consulte Enseñanza Intencional LL09, "Te voy a contar un cuento: *El mitón*" y siga la orientación ofrecida en la tarjeta.

Mega Minutos

- Use Mega Minutos 13, "Simón dice". Trate de usar instrucciones de dos y tres pasos.

Reunión final

- Recuerde los eventos del día.

- Pida a los niños que hablen de lo que hicieron durante el periodo en grupos pequeños.

Investigación 3

¿Cómo se hace la ropa?

	Día 1	Día 2	Día 3
Áreas de interés	**Arte:** materiales para diseñar camisetas: lápices, papel, sellos, plantillas, reglas, marcadores	**Juguetes y juegos:** retazos de tela cortada en pedazos para hacer parejas o patrones **Arte:** papel grande para trazar siluetas **Computadoras:** la versión electrónica del libro *La quinceañera*	**Juguetes y juegos:** tableros para hacer figuras; ligas de caucho **Juego dramático:** pedazos de tela que se puedan envolver o coser para hacer ropa **Arte:** un papel grande para trazar siluetas
Pregunta del día	¿Su ropa tiene algo escrito: palabras, números o no tiene nada?	¿Ustedes creen que podemos hacer prendas de ropa?	¿Qué colores debemos mezclar para obtener verde?
Todo el grupo	**Juego:** Clasificarse según el diseño de la camisa **Comentarios y escritura compartida:** Diseñar ropa (mostrar un boceto del cuento *La quinceañera*) **Materiales:** cámara digital; *La quinceañera*	**Libro:** *La quinceañera* **Comentarios y escritura compartida:** "¿Ustedes creen que podemos hacer ropa?" **Materiales:** *La quinceañera*	**Movimiento:** Hacer figuras con pañuelos **Comentarios y escritura compartida:** Visitante que cose **Materiales:** pañuelos; tarjetas con figuras; música; cámara digital
Lectura en voz alta	*La joven que tenía demasiado* Hablemos de Libros 03 (primera lectura en voz alta)	*Algo de nada*	*La joven que tenía demasiado* Hablemos de Libros 03 (segunda lectura en voz alta)
Grupos pequeños	**Opción 1: Patrones en la ropa** Enseñanza Intencional M14, "Patrones"; colección de prendas de ropa; crayones, marcadores o lápices; papel **Opción 2: Patrones hechos con botones** Enseñanza Intencional M14, "Patrones"; botones; crayones, marcadores o lápices; papel	**Opción 1: Coser papel** Enseñanza Intencional P01, "Vamos a coser"; perforadora; lana; palillos; papel grueso **Opción 2: Vamos a coser** Enseñanza Intencional P01, "Vamos a coser"; arpillera (u otra tela de tejido suelto o una malla de plástico); agujas de punta roma; lana o hilo grueso	**Opción 1: Mezclar pinturas** Enseñanza Intencional P30, "Mezclar pinturas"; pintura roja, azul, amarilla, negra y blanca; cubeta de pinceles; papel; *La joven que tenía demasiado*; *La quinceañera* **Opción 2: Teñir toallas de papel** Enseñanza Intencional P31, "Teñir toallas de papel"; toallas de papel; colorante para alimentos; goteros; cubeta; pinzas para colgar ropa; cuerda para colgar ropa; *La joven que tenía demasiado*
Mega Minutos	Mega Minutos 16, "Nada, nada, algo"	Mega Minutos 12, "Pico, pico, Mandorico"	Mega Minutos 24, "Tintan, tintan"

Día 4	Día 5	Dedique tiempo para…
Arte: pliegos grandes de papel para trazar siluetas **Biblioteca:** materiales para notas de agradecimiento	**Arte:** retazos; pegamento **Juguetes y juegos:** pares de retazos	**Experiencias al aire libre**
¿Qué patrones de las telas les gustan más? (Exhiba diferentes patrones de telas.)	¿Qué clase de ropa van a diseñar hoy?	
Movimiento: Hacer líneas con el cuerpo **Comentarios y escritura compartida:** Pensar acerca de las líneas **Materiales:** Mega Minutos 09, "Escribir en el aire"	**Libro:** *Algo de nada* **Comentarios y escritura compartida:** Usar pedazos de tela para hacer ropa **Materiales:** *Algo de nada; Un bolsillo para Corduroy;* retazos de tela	
El tapiz de Abuela	*La joven que tenía demasiado* Hablemos de Libros 03 (tercera lectura en voz alta)	
Opción 1: Escribir poesía Enseñanza Intencional LL27, "Escribir poemas"; grabadora **Opción 2: Colección de poemas** Enseñanza Intencional LL27, "Escribir poemas"; grabadora; cámara digital	**Opción 1: Escribir poesía** Enseñanza Intencional LL27, "Escribir poemas"; grabadora **Opción 2: Colección de poemas** Enseñanza LL27: "Escribir poemas"; grabadora; cámara digital	
Mega Minutos 28, "Contar ejercicios"	Mega Minutos 42, "Ven a jugar"	

Experiencias al aire libre

Sigan al líder por la línea

- Trace líneas largas afuera con cinta de enmascarar o tiza para aceras.
- Dirija un juego de "sigamos al líder", haciendo que los niños se muevan de distintas maneras a lo largo de distintas líneas (p. ej., saltar en un pie y luego en el otro en la línea curva, saltar con los dos pies sobre la línea recta y galopar en la línea en zigzag).
- Anime a los niños a turnarse para ser líderes.

Ejercicio divertido

- Enseñanza Intencional P09, "Arriba y lejos"

Colaboración con las familias

- Invite a un familiar que sepa tejer o hacer croché a visitar la clase durante la Investigación 4: "¿Cómo se hace la ropa?"
- Sugiera a las familias que lean y discutan con sus niños la versión electrónica del libro *La quinceañera*.

Experiencias sorprendentes

- Día 3: Visita de alguien que sepa coser

¿Cómo se hace la ropa?

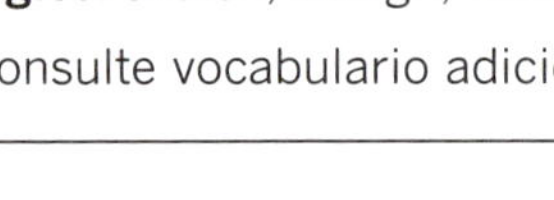

Vocabulario

Español:, *boceto, diseño, diseñador(a) de modas*

Inglés: *sketch, design, fashion designer*

Consulte vocabulario adicional en Hablemos de Libros 03, *La joven que tenía demasiado* (*The Girl Who Wore Too Much*).

Todo el grupo

Rutina inicial

- Canten una bienvenida y hablen de quiénes están presentes.

Juego: Clasificarse según el diseño de la camisa

- Recuerde a los niños la pregunta del día. Invíteles a describir qué tienen en su ropa.

- Ayude a que los niños se clasifiquen ellos mismos por categorías, p. ej., camisetas con palabras, camisetas con decoraciones, camisetas con lunares.

- Tome una foto de los niños organizados en categorías para hacer una exhibición o un libro de la clase.

Comentarios y escritura compartida: Diseñar ropa

- Comente que las personas que diseñan ropa deben hacer un *boceto* o dibujar las prendas antes de poder coserlas.

- Muéstreles la página del libro *La quinceañera* que ilustra un boceto de la prenda antes de ser hecha.

- Explíqueles, "Las personas que *diseñan* ropa son llamadas *diseñadores de modas*".

- Pregúnteles, "Si ustedes pudieran *diseñar* una camiseta, ¿cómo sería?"

- Escriba las respuestas ofrecidas.

Antes de hacer la transición a las áreas de interés, explique que tendrán oportunidad de ser diseñadores de modas y muéstreles los materiales disponibles en el área del arte que podrán usar para diseñar una camiseta.

Hora de escoger

Al interactuar con los niños en las áreas de interés, dedique tiempo a:

- Hacerles preguntas acerca de sus diseños y escribir en otra hoja de papel las palabras dichas por ellos.

> **Exhiba las camisetas y las descripciones hechas por los niños para demostrarles que usted valora su trabajo y brindarles la oportunidad de ver los diseños de todos.**

Lectura en voz alta

Lea el cuento *La joven que tenía demasiado*.

- Consulte Hablemos de Libros 03, *La joven que tenía demasiado*, y siga la orientación ofrecida en la tarjeta para realizar la primera lectura en voz alta.

Grupos pequeños

Opción 1: Patrones en la ropa

- Consulte Enseñanza Intencional M14, "Patrones".

- Use la colección de ropa para ayudar a los niños a identificar patrones en las telas.

- Anímeles a escribir sus observaciones y a crear nuevos patrones usando crayones, marcadores y lápices.

Opción 2: Patrones hechos con botones

- Consulte Enseñanza Intencional M14, "Patrones", y siga la orientación ofrecida en la tarjeta para que los niños creen patrones usando botones.

Mega Minutos

- Use Mega Minutos 16, "Nada, nada, algo". Trate de hacer que todos los objetos imaginarios empiecen con el mismo sonido.

Reunión final

- Recuerde los eventos del día.

- Invite a los niños a mostrar sus diseños al resto del grupo.

¿Cómo se hace la ropa?

Vocabulario

Español: *costurera, sastres, puntada, ruedo, máquina de coser, manufacturado*

Inglés: *seamstress, tailors, stitch, hem, sewing machine, manufactured*

Todo el grupo

Rutina inicial

- Canten una bienvenida y hablen de quiénes están presentes.

Libro: *La quinceañera*

- Lea el libro con los niños haciendo pausas para explicar el vocabulario nuevo.

Comentarios y escritura compartida: ¿Ustedes creen que podemos hacer prendas de ropa?

Mencione que no toda la ropa se cose. Mencione que alguna ropa se hace envolviendo la tela sobre el cuerpo.

- Demuestre cómo hacer un chal, un sari o un sarong, envolviendo su cuerpo en una pieza larga de tela.

- Repase a la pregunta del día. Pregunte, "¿Ustedes creen que podemos hacer prendas de ropa? ¿Qué necesitamos? ¿Qué podemos usar para hacer ropa?"

- Escriba las ideas ofrecidas por los niños.

- Dígales que, al día siguiente, algunos de los materiales sugeridos por ellos estarán disponibles a la hora de escoger actividades y que hoy tendrán oportunidad de practicar en grupos pequeños cómo coser.

Antes de hacer la transición a las áreas de interés, hable con los niños acerca de los retazos de tela disponibles en el área de juguetes y juegos para hacer parejas y patrones. Dígales también que usted les ayudará en el área de arte a trazar la silueta de sus cuerpos en un papel grande y a recortar luego la silueta. Diga a los niños que *La quinceañera* estará disponible en la computadora.

Hora de escoger

Al interactuar con los niños en las áreas de interés, dedique tiempo a:

- Observar la habilidad que tienen para asociar telas similares y hacerles preguntas acerca de los patrones creados por ellos.

- Trazar la silueta del cuerpo de varios niños y pedirles a los niños que ayuden a cortar las siluetas trazadas.

Lectura en voz alta

Lea el cuento *Algo de nada*.

- **Antes de leer**, muestre la cubierta y pregunte, "¿De qué creen que se trata este cuento?" Explique, "Mientras lo leemos, presten atención a lo que ocurre en las ilustraciones".

- **Mientras lee**, deténgase de vez en cuando para animar a los niños a mirar los detalles en las ilustraciones.

- **Después de leer**, vuelvan a mirar las ilustraciones y comenten el proceso que usa el abuelo para coser cosas.

Grupos pequeños

Opción 1: Coser papel

- Consulte Enseñanza Intencional P01, "Vamos a coser", y siga la orientación ofrecida en la tarjeta usando papel y palillos.

Opción 2: Vamos a coser

- Consulte Enseñanza Intencional P01, "Vamos a coser", y siga la orientación ofrecida en la tarjeta usando arpillera y agujas gruesas de punta roma en lugar de papel y palillos.

> **Coser fortalece distintas destrezas de motricidad fina necesarias para escribir. Para hacer pasar la aguja por un agujero, los niños deben agarrar la aguja y usar la coordinación ojo-mano. También deben recordar cómo guiar la aguja hacia adentro y hacia afuera de la tela.**

Mega Minutos

- Use Mega Minutos 12, "Pico, pico, Mandorico".

- A medida que diga la rima, siga un patrón con un golpe, un aplauso, un chasquido o un pisotón (por ejemplo, pisotón pisotón aplauso; pisotón pisotón aplauso).

Reunión final

- Recuerde los eventos del día.

- Invite a los niños a mostrar y hablar de sus proyectos de costura con el resto del grupo.

- Recuérdeles que al día siguiente vendrá una persona a demostrarles cómo coser. Escriba en un pliego de papel grande las preguntas que los niños quieran hacerle al visitante.

¿Cómo se hace la ropa?

Vocabulario

Consulte vocabulario adicional en Hablemos de Libros 03, *La joven que tenía demasiado (The Girl Who Wore Too Much)*.

Todo el grupo

Rutina inicial

- Canten una bienvenida y hablen de quiénes están presentes.

Movimiento: Hacer figuras con pañuelos

- Déle un pañuelo a cada niño.

- Ponga música y anime a los niños a que muevan el cuerpo y los pañuelos al son de la música.

- Luego, muéstreles una tarjeta con una figura y pídales hacer la figura que muestra la tarjeta usando los pañuelos.

- Ayude a los niños que lo necesiten y anímeles a jugar en parejas para que se ayuden unos a otros.

Comentarios y escritura compartida: Visitante que cose

- Presente al visitante al grupo.

- Pídale al visitante que muestre las distintas cosas que utiliza para fabricar ropa, p. ej., una máquina de coser, hilo y aguja, un cojín alfiletero, distintos moldes y patrones.

- Tome fotos de cada paso para poder mirarlas más adelante durante la experiencia de elaborar ropa.

- Invite a los niños a hacer preguntas.

- Escriba las respuestas ofrecidas.

Antes de hacer la transición a las áreas de interés, hable de la tela disponible en el área de juego dramático, y de los tableros y ligas para hacer líneas rectas, curvas y en zigzag, disponibles en el área de los juguetes y juegos.

Hora de escoger

Al interactuar con los niños en las áreas de interés, dedique tiempo a:

- Observar a los niños mientras usan los materiales en el área de juego dramático.

- Hablar con los niños sobre sus creaciones en los tableros para hacer figuras.

- Tomar fotos de los niños en sus creaciones con tela envuelta.

- Trazar las siluetas de unos cuantos niños y pedirles a los niños que ayuden a cortar las siluetas.

Lectura en voz alta

- Lea el cuento *La joven que tenía demasiado*.

- Consulte Hablemos de Libros 03, *La joven que tenía demasiado* y siga la orientación ofrecida para realizar la segunda lectura en voz alta.

Grupos pequeños

Opción 1: Mezclar pinturas

- Consulte Enseñanza Intencional P30, "Mezclar pinturas".

- Miren de nuevo el cuento *La joven que tenía demasiado*. Con los niños, identifique los colores nombrados en el libro y escríbalos en una hoja de papel.

- Siga la orientación ofrecida en la tarjeta para mezclar pinturas y producir los colores mencionados en el libro.

- Al terminar, anime a los niños a ordenar el papel que pintaron, del más oscuro al más claro.

- Repase la pregunta del día.

Opción 2: Teñir toallas de papel

- Consulte Enseñanza Intencional P31, "Teñir toallas de papel".

- Miren de nuevo el cuento *La joven que tenía demasiado*. Con los niños, identifique los colores nombrados en el libro y escríbalos en una hoja de papel.

- Siga la orientación en la tarjeta para mezclar colores y producir los mencionados en el libro.

- Al terminar, anime a los niños a ordenar las toallas pintadas, de la más oscura a la más clara.

- Repase la pregunta del día mientras los niños experimentan con los colores.

Mega Minutos

- Use Mega Minutos 24, "Tintan, tintan".

Reunión final

- Recuerde los eventos del día.

- Invite a los niños a mostrarle al resto del grupo sus trabajos con mezclas de colores.

- Muestre las fotos de los niños vestidos en tela envuelta. Invite a los niños a que hablen de sus experiencias.

¿Cómo se hace la ropa?

Vocabulario

Español: *huipil, tapiz*

Inglés: *huipil, tapestry*

Todo el grupo

Rutina inicial

- Canten una bienvenida y hablen de quiénes están presentes.

Movimiento: Hacer líneas con el cuerpo

- Repase Mega Minutos 09, "Escribir en el aire". Siga la orientación ofrecida en la tarjeta.

Comentarios y escritura compartida: Pensar acerca de las líneas

- Repase la pregunta del día.

- Dibuje un boceto sencillo de una prenda de ropa y recuerde a los niños que la ropa tiene líneas rectas y líneas curvas. A veces, las líneas rectas suben y bajan; a veces van de un lado al otro. Otras líneas rectas son inclinadas y parecen como si estuvieran recostadas.

- Muestre unas cuantas prendas de ropa que tengan líneas.

- Relacione brevemente las líneas en la ropa con las letras. Algunas letras tienen líneas rectas, otras tienen líneas curvas y algunas tienen líneas inclinadas.

- Pídales que busquen por la habitación letras con cada clase de línea.

> **Escriba ejemplos de las letras a medida que comenten las líneas que tienen. Usted podría decir, mientras hace la _D_, "La letra _D_ tiene una línea recta y una línea curva".**

Antes de hacer la transición a las áreas de interés, hable con los niños de los materiales disponibles en la biblioteca para escribir notas de agradecimiento.

Hora de escoger

Al interactuar con los niños en las áreas de interés, dedique tiempo a:

- Escribir en las tarjetas las palabras dichas por ellos y animarles a escribir tanto como puedan, incluyendo su propio nombre.

- En el área del arte, trazar la silueta de unos cuantos niños y pedirles que le ayuden a recortar las siluetas.

Lectura en voz alta

Lea el cuento *El tapiz de Abuela*.

- **Antes de leer**, mencione el título y muestre la cubierta del libro. Invite a los niños a describir la ilustración. Pregunte, "¿De qué creen que se trata este cuento?"

- **Mientras lee**, comente que a Esperanza le preocupaba que nadie comprara los huipiles y tapices hechos por ella y su mamá. Defina brevemente las palabras *huipil* y *tapiz*.

- **Después de leer**, pregunte, "¿Alguna vez se han esforzado para hacer algo bonito? ¿Cómo se sintieron al terminar? ¿Cómo se sintieron al mostrárselo a alguien?"

Grupos pequeños

Opción 1: Escribir poesía

- Consulte Enseñanza Intencional LL27, "Escribir poemas".

- Lea el siguiente poema:

  Cuando corro con mi perro Serafín,
  se me moja el calcetín.
  No sé qué hacer, salvo ver,
  lo que otros niños hacen, hace rato
  y lo que veo es que no se quitan
  el zapato.

- Lea los otros ejemplos de poesía ofrecidos en la tarjeta o lea otros poemas que tenga en el salón.

- Siga la orientación ofrecida en la tarjeta para ayudar a los niños a crear su propia poesía sobre una prenda de la colección de ropa.

Opción 2: Colección de poemas

- Consulte Enseñanza Intencional LL27, "Escribir poemas".

- Lea el siguiente poema:

  Cuando corro con mi perro Serafín,
  se me moja el calcetín.
  No sé qué hacer, salvo ver,
  lo que otros niños hacen, hace rato
  y lo que veo es que no se quitan
  el zapato.

- Lea los otros ejemplos de poesía ofrecidos en la tarjeta o lea otros poemas que tenga en el salón.

- Siga la orientación ofrecida en la tarjeta para ayudar a los niños a crear su propia poesía sobre una prenda de la colección de ropa.

- Tome fotos de los niños usando la prenda de ropa y exhíbalas al lado de los poemas.

Mega Minutos

- Use Mega Minutos 28, "Contar ejercicios". Siga la orientación ofrecida en la tarjeta.

Reunión final

- Recuerde los eventos del día.

- Invite a los niños que hayan creado poesía a compartirla con el grupo.

¿Cómo se hace la ropa?

Vocabulario

Consulte vocabulario en Hablemos de Libros 03, *La joven que tenía demasiado* (*The Girl Who Wore Too Much*).

Todo el grupo

Rutina inicial

- Canten una bienvenida y hablen de quiénes están presentes.

Libro: *Algo de nada*

- Lea de nuevo el libro y dirija la atención de los niños a las maneras en que ellos han hecho ropa esta semana y cómo la persona que visitó el salón hizo prendas de ropa.

Comentarios y escritura compartida: Usar pedazos de tela para hacer ropa

- Explique que otra manera de hacer prendas de ropa es uniendo distintas clases de retazos.

- Muestre las ilustraciones del libro *Un bolsillo para Corduroy* y mencione cómo usa Lisa un retazo para hacer el bolsillo.

Antes de hacer la transición a las áreas de interés, hable de los retazos y el pegamento, disponibles en el área del arte, y mencione cómo podrían usarlos para hacerle ropa a las siluetas que recortaron de su cuerpo.

> **Las fotos digitales de los rostros de los niños se pueden agrandar y pegar a sus siluetas.**

Hora de escoger

Al interactuar con los niños en las áreas de interés, dedique tiempo a:

- Hablar con ellos acerca de sus creaciones de ropa. Dígales, "Cuéntenme algo de lo que están haciendo".

- Escribir las respuestas ofrecidas en otra hoja de papel. Colgar esta hoja junto al trabajo de los niños.

- Recuerde a los niños la pregunta del día.

Lectura en voz alta

Lea el cuento *La joven que tenía demasiado*.

- Use la Tarjeta Hablemos de Libros 03, *La joven que tenía demasiado*. Siga la orientación ofrecida en la tarjeta para realizar la tercera lectura en voz alta.

Grupos pequeños

Opción 1: Escribir poesía

- Consulte Enseñanza Intencional LL27, "Escribir poemas".

- Lea el siguiente poema:

    Cuando corro con mi perro Serafín,
    se me moja el calcetín.
    No sé qué hacer, salvo ver,
    lo que otros niños hacen, hace rato
    y lo que veo es que no se quitan
    el zapato.

- Lea los otros ejemplos de poesía ofrecidos en la tarjeta o lea otros poemas que tenga en el salón.

- Siga la orientación ofrecida en la tarjeta para ayudar a los niños a crear su propia poesía sobre una prenda de la colección de ropa.

Opción 2: Colección de poemas

- Consulte Enseñanza Intencional LL27, "Escribir poemas".

- Lea el siguiente poema:

    Cuando corro con mi perro Serafín,
    se me moja el calcetín.
    No sé qué hacer, salvo ver,
    lo que otros niños hacen, hace rato
    y lo que veo es que no se quitan
    el zapato.

- Lea los otros ejemplos de poesía ofrecidos en la tarjeta o lea otros poemas que tenga en el salón.

- Siga la orientación ofrecida en la tarjeta para ayudar a los niños a crear su propia poesía sobre una prenda de la colección de ropa.

- Tome fotos de los niños usando la prenda de ropa y exhíbalas al lado de los poemas.

> **Al repetir varias veces las mismas experiencias en grupos pequeños, los niños podrán basarse en lo que ya han aprendido.**

Mega Minutos

- Use Mega Minutos 42, "Ven a jugar". Siga la orientación ofrecida en la tarjeta.

Reunión final

- Recuerde los eventos del día.
- Caminen por el salón y miren las creaciones de ropa que hizo cada uno para la silueta de su cuerpo.

Investigación 4

¿Cómo se hace la tela?

	Día 1	Día 2	Día 3
Áreas de interés	**Descubrimientos:** tela; lupas; Enseñanza Intencional LL45, "Dibujos de lo observado"; tablillas con sujetapapeles; rotuladores con punta de fieltro	**Arte:** tiras de papel para que los niños entretejan en papel o cartón; papel preparado para tejido **Biblioteca:** *El tapiz de Abuela*	**Descubrimientos:** *La quinceañera* **Juego dramático:** telar (Para hacerlos, consulte las instrucciones de la página siguiente).
Pregunta del día	¿Cómo sientes la tela de su camisa al tocarla?	¿Qué sigue en ese patrón? (Muestre un patrón sencillo y repetitivo, como azul-rojo-azul-rojo.)	¿Que viene de la oveja?
Todo el grupo	**Juego:** Clasificarnos según la ropa **Comentarios y escritura compartida:** ¿Cómo se hace la tela? **Materiales:** *La quinceañera*; pedazos de tela; lupas	**Movimiento:** Entretejer con el cuerpo **Comentarios y escritura compartida:** Tejidos **Materiales:** palos de escoba o varas; ropa o cobija tejida o hecha en croché; lupas	**Canción:** "Tengo tres ovejas" **Comentarios y escritura compartida:** ¿Cómo se hace la tela? **Materiales:** Mega Minutos 29, "Tengo tres ovejas"; *La quinceañera*; un poco de lana virgen (si es posible); telar; cinta
Lectura en voz alta	*La princesa vestida con una bolsa de papel*	*Botón, botón, ¿quién tiene un botón?*	*El sombrero del tío Nacho*
Grupos pequeños	**Opción 1: Jugar con lo impreso** Enseñanza Intencional LL23, "Jugar con lo impreso"; material impreso del entorno, p. ej., cajas de cereal, señales, logos **Opción 2: Fui de compras** Enseñanza Intencional LL31, "Fui de compras"; material impreso del entorno de un supermercado, p. ej., recipientes de productos vacíos o etiquetas; bolsa	**Opción 1: Tableros para hacer figuras** Enseñanza Intencional M21, "Tableros para hacer figuras"; tableros para hacer figuras; ligas de caucho; tarjetas de figuras **Opción 2: ¿En cuál figura estoy pensando?** Enseñanza Intencional M20, "¿En cuál figura estoy pensando?"; cuerpos geométricos; recipientes vacíos de figuras geométricas	**Opción 1: Entrelazar plastilina** Enseñanza Intencional P02, "Entrelazar plastilina"; plastilina; utensilios para la plastillina **Opción 2: Pretzels enroscados** Enseñanza Intencional P03, "Pretzels enroscados"; (Consulte en la tarjeta el equipo, los ingredientes y la receta.)
Mega Minutos	Mega Minutos 19, "Veo, veo con mis binóculos"	Mega Minutos 29, "Tengo tres ovejas"	Mega Minutos 21, "Pin, pon, ¿cuántos son?"

Experiencias al aire libre

Salir y entrar por ventanas

- Invite a los niños a pararse en círculos tomados de las manos y levantar los brazos en el aire para formar "ventanas". Mientras cantan, invite a un niño a pasar a través de las ventanas (los brazos en alto).

Ejercicio divertido

- Enseñanza Intencional P10, "Saltar lazo"

Colaboración con las familias

- Informe a las familias que al final del estudio el grupo hará una recolección de ropa para donar. Pregúnteles si tienen alguna ropa que puedan donar y si alguno de ellos podría colaborar para llevar la ropa al centro de donación cuando termine la recolección.

Experiencias sorprendentes

- Día 1: Visita de alguien que sepa tejer o hacer croché

Cómo hacer un telar

Use un cuadrado grande de cartón rectangular y haga una marca cada cuarto de pulgada tanto arriba como abajo. Haga cortes de 1 pulgada en cada una de las marcas que midió, verificando que las marcas de la parte inferior estén alineadas con las marcas de la parte superior (vea la ilustración arriba). Ensarte la armazón (la armazón consiste en las cuerdas verticales del tejido). Haga un nudo grande al final de la cuerda, para mantenerla asegurada. Atraviese la cuerda por la primera ranura y tire con suavidad hasta asegurar el nudo. Tire de la cuerda hasta la ranura correspondiente en la parte inferior e inserte la cuerda en la primera ranura. Haga pasar toda la cuerda por la ranura e insértela en la segunda ranura en la parte de arriba, de allí continúe a la segunda ranura en la parte de abajo. Repita el procedimiento hasta que hayan sido atravesadas todas las ranuras. Amarre la cuerda y corte lo que sobre (mire la ilustración).

¿Cómo se hace la tela?

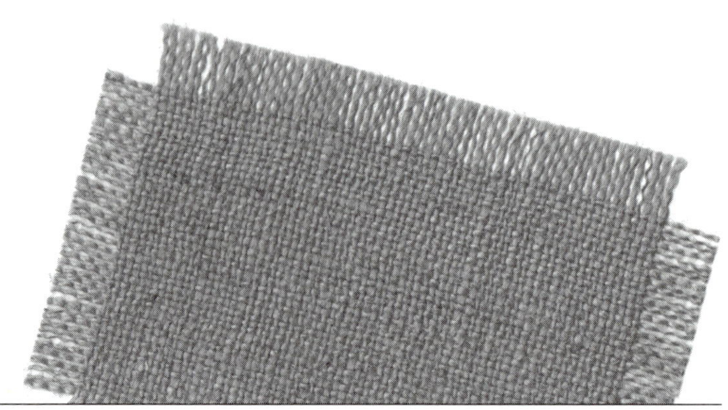

Vocabulario

Español: *telar, entretejer, tejer, coser, croché, tela*

Inglés: *loom, weave, knit, crochet, cloth*

Todo el grupo

Rutina inicial

- Canten una bienvenida y hablen de quiénes están presentes.

Juego: Clasificarnos según la ropa

- Recuerde la pregunta del día. Anime a los niños a que escojan una de las prendas de ropa que están usando y a tocarla.

- Pregunte, "¿Cómo la sienten?" Si necesitan ayuda, hágales preguntas como, "¿Se siente suave o áspera? ¿Sienten algo al tocarla o es lisa?"

- Escriba las palabras ofrecidas por los niños en un pliego de papel grande.

- Pídales que seleccionen unos cuantos términos descriptivos y que luego se clasifiquen en grupos, p. ej., todos los niños con una prenda de ropa que no sea lisa formarán parte de un grupo.

- Seleccione nuevas categorías y pídales que vuelvan a clasificarse. Si esta actividad es difícil para los niños, elija sólo dos categorías a la vez, p. ej., lisa y no lisa.

Niños que aprenden una segunda lengua
Al usar en inglés los términos *smooth, soft, rough, bumpy* en las preguntas, enseñe muestras de distintas texturas y páselas para que los niños que están aprendiendo inglés puedan comprender claramente el significado de estos adjetivos.

Comentarios y escritura compartida: ¿Cómo se hace la tela?

- Pregunte, "¿Cómo creen que se hace la tela?"

- Presente al pariente invitado o a alguna otra persona voluntaria a demostrar como tejer o hacer croché.

- Muestre una ilustración de un telar en el cuento *La quinceañera*. Explique que trabajar en un telar es parecido a tejer o hacer croché ya que en el telar se entretejen los hilos o lanas para hacer la tela.

- Permita que los niños pasen diferentes tipos de telas tejidas y sientan la textura de la tela.

- Pídales que comparen y contrasten las telas. Escriba las ideas ofrecidas por ellos.

Antes de hacer la transición a las áreas de interés, hable de las telas y lupas, disponibles en el área de los descubrimientos, y mencione cómo podrían usarlas.

Hora de escoger

Al interactuar con los niños en las áreas de interés, dedique tiempo a:

- Preguntar, "¿Qué ven ustedes al mirar la tela con la lupa?"

- Animar a los niños a que escriban o dibujen lo que vieron.

> **Consulte Enseñanza Intencional LL45, "Dibujos de lo observado", para obtener más información sobre cómo apoyar estos dibujos de los niños.**

Lectura en voz alta

Lea el cuento *La princesa vestida con una bolsa de papel*.

- **Antes de leer**, lea el título del cuento y diga, "Me pregunto por qué esta princesa está vestida con una bolsa de papel".

- **Mientras lee**, anime a los niños a predecir lo que pasará después.

- **Después de leer**, diga, "Elizabeth hizo ropa con una bolsa de papel cuando el dragón le quemó toda la ropa. ¿De qué harían ropa ustedes si se perdieran la que tienen?"

Grupos pequeños

Opción 1: Jugar con lo impreso

- Consulte Enseñanza Intencional LL23, "Jugar con lo impreso".

- Siga la orientación en la tarjeta.

Opción 2: Fui de compras

- Consulte Enseñanza Intencional LL31, "Fui de compras", y siga la orientación ofrecida en la tarjeta.

Mega Minutos

- Use Mega Minutos 19, "Veo, veo con mis binóculos". Haga la variación del sonido inicial que está en la tarjeta.

Reunión final

- Recuerde los eventos del día.

- Escritura compartida: Escriban una nota de agradecimiento al visitante de ese día. Invite a los niños a hacer dibujos y escribir sus nombres en la nota.

¿Cómo se hace la tela?

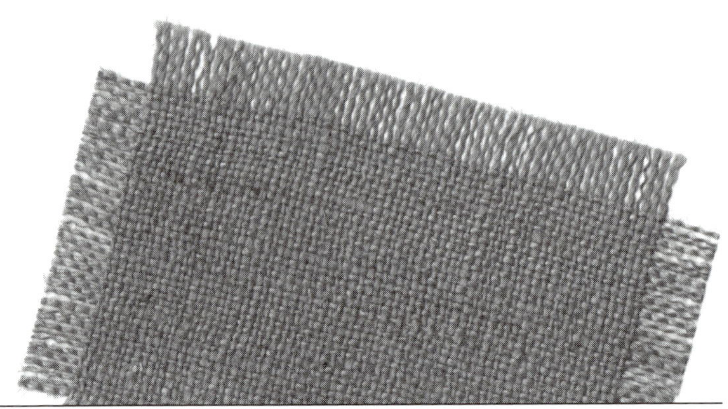

Vocabulario

Español: *telar, entretejer, tejer, coser, croché, tela*

Inglés: *loom, weave, knit, crochet, cloth*

Todo el grupo

Rutina inicial

- Canten una bienvenida y hablen de quiénes están presentes.

Movimiento: Entretejer con el cuerpo

- Recuerde a los niños los términos nuevos aprendidos el día anterior, p. ej., *telar, entretejer, tejer, croché, tela*.

- Dígales que van a tratar de hacer un tejido.

- Hable acerca de la pregunta del día y anime a los niños a decir qué sigue en el patrón.

- Demuestre que el movimiento para crear un tejido es por debajo-por encima-por debajo-por encima.

- Coloque obstáculos en el salón para que los niños practiquen a pasar por encima y por debajo, por encima y por debajo. Usted puede usar varas o el palo de una escoba. Sostenga una vara alta en el aire, coloque una en el suelo y repita el patrón.

- Sugiérales a quienes estén esperando que digan el patrón por encima-por debajo, mientras uno o dos niños a la vez realizan los movimientos.

> Los niños están aprendiendo dos destrezas clave en esta actividad de entretejer. En primer lugar, están adquiriendo conocimiento espacial al asociar los conceptos de por encima y por debajo con el movimiento. Esto se llama *aprendizaje cinestésico*. En segundo lugar, están haciendo un patrón (por encima-por debajo). Poder identificar y ampliar patrones es una destreza matemática importante que continuarán desarrollando los niños.

Comentarios y escritura compartida: Tejidos

- Proporcione una cobija o prenda de ropa tejida o hecha en croché.

- Distribuya lupas para que los niños puedan mirar detalladamente la prenda.

- Pídales que describan lo que ven. Escriba las descripciones hechas por ellos.

> Darles a los niños algo para agarrar o para que lo pasen durante el periodo con todo el grupo los mantiene participando activamente y los ayuda a continuar prestando atención.

Antes de hacer la transición a las áreas de interés, hable del papel para hacer tejidos, disponible en el área del arte, y mencione cómo podrían usarlo. Prepare el papel de la siguiente manera: doble cada pliego por la mitad y haga cortes a una pulgada de distancia en el doblez. Suspenda el corte a una pulgada de distancia del borde. Al abrirlo, tendrá un papel con ranuras.

Hora de escoger

Al interactuar con los niños en las áreas de interés, dedique tiempo a:

- Ayudarles a tejer con papel, si lo necesitan.

- Mostrar cómo hablar consigo mismo repitiendo: "por encima-por debajo, por encima-por debajo".

- Lea el libro *El tapiz de Abuela*. Pregunte a los niños en qué se parecen o se diferencian el telar en este libro y el telar en el cuento *La quinceañera*.

> **Hablar consigo mismo es una estrategia que los niños pueden usar para recordar qué hacer y procesar sus experiencias.**

Lectura en voz alta

Lea el cuento *Botón, botón, ¿quién tiene un botón?*

- **Antes de leer**, pregunte, "¿Qué recuerdan acerca de este libro?"

- **Mientras lee**, invite a los niños a señalar objetos y a contarlos en cada página.

- **Después de leer**, diga, "Me pregunto qué cosas de la ropa del libro podemos encontrar en nuestra colección de ropa". Examinen los objetos y anime a los niños a ubicarlos en la ropa que están usando.

Grupos pequeños

Opción 1: Tableros para hacer figuras

- Consulte Enseñanza Intencional M21, "Tableros para hacer figuras".

- Pídales a los niños que escojan una tarjeta del mazo.

- Siga la orientación ofrecida para animarlos a hacer la figura que haya en la tarjeta.

Opción 2: ¿En cuál figura estoy pensando?

- Consulte Enseñanza Intencional M20, "¿En cuál figura estoy pensando?", y siga la orientación en la tarjeta.

Mega Minutos

- Use Mega Minutos 29, "Tengo tres ovejas". Siga la orientación ofrecida en la tarjeta.

Reunión final

- Recuerde los eventos del día.

- Invite a los niños a mostrarle al resto del grupo sus creaciones al tejer.

¿Cómo se hace la tela?

Vocabulario

Español: *apreciar, decente*

Inglés: *appreciate, decent*

Todo el grupo

Rutina inicial

- Canten una bienvenida y hablen de quiénes están presentes.

Canción: "Tengo tres ovejas"

- Use Mega Minutos 29, "Tengo tres ovejas".

- Escriba la letra de la canción en un pliego de papel grande.

- Coloque la canción en un lugar visible.

- Invite a los niños a señalar la *T* mayúscula o la *t* minúscula.

> **"Tengo tres..." es un ejemplo de aliteración. Esto quiere decir que un grupo de palabras (en este caso dos) comienzan con el mismo sonido.**

Comentarios y escritura compartida: ¿Cómo se hace la tela?

- Si tiene lana disponible, proporcione un pedazo para que los niños la examinen.

- Repase la pregunta del día.

- Consulte el final del libro *La quinceañera* y comente cómo se hace la tela.

Antes de hacer la transición a las áreas de interés, muestre a los niños los telares grandes creados con cartón que podrán usar durante la hora de escoger actividades. Muéstreles cómo usarlos, usando tiras de cinta largas o retazos de tela para facilitar el entretejer.

Hora de escoger

Mientras interactúa con los niños en las áreas de interés, dedique tiempo a:

- Mostrarles cómo pueden trabajar juntos usando el telar.

- Hablar de los beneficios de la cooperación.

- Anime a los niños a explorar la Internet para aprender más sobre cómo se hace la tela.

> **Consulte Enseñanza Intencional LL26, "Búsqueda en Internet", para obtener más información sobre cómo apoyar a los niños para que usen la Internet como recurso.**

Lectura en voz alta

Lea el cuento *El sombrero del tío Nacho.*

- **Antes de leer**, pregunte, "¿Qué recuerdan de este cuento?"

- **Mientras lee**, defina las palabras *apreciar* y *decente*.

- **Después de leer**, pregunte, "¿Qué creen que hizo el tío Nacho con su sombrero viejo?" Anime a los niños a mirar la última página del libro para ver si pueden descubrirlo.

Niños que aprenden una segunda lengua
Siempre que pueda, lea un libro en las lenguas que se hablan en los hogares de los niños antes de leer en voz alta en la lengua que se habla en el salón.

Grupos pequeños

Opción 1: Entrelazar plastilina

- Consulte Enseñanza Intencional P02, "Entrelazar plastilina".

- Anime a los niños a hacer tiras de plastilina para entrelazarlas.

- Hable de la técnica de pasarla por encima-por debajo y describa cualquier patrón creado por los niños usando distintos colores.

Opción 2: Pretzels enroscados

- Consulte la tarjeta Enseñanza Intencional P03, "Pretzels enroscados", y siga la receta con los niños.

- Repita la técnica de enroscar la masa por encima y por debajo.

Mega Minutos

- Use Mega Minutos 21, "Pin, pon, ¿cuántos son?" Siga la orientación ofrecida en la tarjeta.

Reunión final

- Recuerde los eventos del día.

- Invite a los niños a compartir con el grupo sus experiencias trabajando en los telares.

Investigación 5

¿Dónde compramos nuestra ropa?

	Día 1	Día 2
Áreas de interés	**Juguetes y juegos:** tableros para hacer figuras; ligas de caucho; tarjetas con figuras	**Juego dramático:** accesorios para crear una tienda de ropa **Computadoras:** la versión electrónica del libro *Botón, botón, ¿quién tiene un botón?*
Pregunta del día	¿Dónde conseguimos nuestra ropa? (Ofrezca algunas posibles respuestas, p. ej., un almacén, un hermano o hermana mayor, un regalo)	¿Cómo debemos comportarnos en nuestra visita a la tienda de ropa?
Todo el grupo	**Música:** Palitos rítmicos **Comentarios y escritura compartida:** ¿Dónde y cómo se consigue la ropa? **Materiales:** palitos rítmicos	**Canción:** "A que sí, a que no" **Comentarios y escritura compartida:** Prepararse para visitar un sitio **Materiales:** tablillas con sujetapapeles; lápices; Enseñanza Intencional SE01, "Visitas a sitios"
Lectura en voz alta	*Un bolsillo para Corduroy*	*Botón, botón, ¿quién tiene un botón?*; objetos pequeños manipulables para cada niño
Grupos pequeños	**Opción 1: Adivinanzas con rima** Enseñanza Intencional LL11, "Adivinanzas con rima"; accesorios **Opción 2: Poema sobre la ropa** Enseñanza Intencional LL10, "Lista de rimas"; un poema sobre la ropa que tenga rima	**Opción 1: Muéstrame cinco objetos** Enseñanza Intencional M16, "Muéstrame cinco objetos"; botones **Opción 2: Contar con rimas** Enseñanza Intencional M13, "Contar con rimas"; motas de algodón; papel de construcción verde
Mega Minutos	Mega Minutos 07, "Alabío, alabao, ¿cuántos son?"	Mega Minutos 24, "Tintan, tintan"

Juego dramático: más accesorios para la tienda de ropa

Arte: materiales para escribir notas de agradecimiento

¿Qué fue lo que más les gustó de la visita a la tienda de ropa?

Música: Patrones con palitos rítmicos

Comentarios y escritura compartida: ¿Qué más necesitamos para nuestra tienda?

Materiales: palitos rítmicos; Mega Minutos 26, "Patrones de palmadas"; *Mamá y Papá tienen una tienda*

Algo de nada

Opción 1: Tres tristes tigres

Enseñanza Intencional LL16, "Trabalenguas"

Opción 2: Clasificar sonidos

Enseñanza Intencional LL12, "Clasificar sonidos"; objetos cuyos nombres comiencen y no comiencen con la letra *T*, caja o bolsa para guardar los objetos

Mega Minutos 18, "Estoy pensando en…"

Experiencias al aire libre

Una pared para tejer

- Si usted tiene acceso a una cerca de alambre o a una puerta o ventana enrejada, puede utilizarla para crear una pared para entretejer. Amarre tiras largas de tela a la cerca a una altura que los niños puedan alcanzar y anímeles a hacer pasar la tela a través de los espacios abiertos.

Colaboración con las familias

- Pida a los familiares fotos de ellos usando ropa de trabajo para la Investigación 6, "¿Qué ropa especial usa la gente para trabajar?"

- Invite a un pariente que use uniforme de trabajo y a otro que use un disfraz para trabajar o divertirse a que visiten el salón durante la Investigación 6, "¿Qué ropa especial usa la gente para trabajar?"

Experiencias sorprendentes

- Día 2: Visita a una tienda de ropa

Organice una visita a una tienda de ropa a una hora en la cual los niños puedan entrevistar al administrador o a uno de los empleados.

¿Dónde compramos nuestra ropa?

Vocabulario

Español: *ritmo*

Inglés: *rhythm*

Todo el grupo

Rutina inicial

- Canten una bienvenida y hablen de quiénes están presentes.

Música: Palitos rítmicos

- Déle a cada niño un par de palitos rítmicos.

- Recuérdeles mantener los instrumentos en la posición de descanso que aprendieron al tocar los tambores.

- Espere hasta que todos tengan los palitos en la posición de descanso antes de comenzar.

- Explique que *"el ritmo"* es el compás que se oye en la música. Toque sus palitos rítmicos para seguir la melodía de una canción conocida y anime a los niños a tocar con usted.

Comentarios y escritura compartida: ¿Dónde y cómo se consigue la ropa?

- Pida a los niños que piensen en cómo consigue la gente la ropa. Repase la pregunta del día.

- Escriba las ideas adicionales de ellos en un pliego de papel grande con la pregunta. Las respuestas pueden incluir comprarla en la tienda, coserla, conseguirla en una tienda de ropa usada o recibirla de otros.

- Pregunte a los niños si les gustaría crear una tienda imaginaria.

- Pídales que nombren los objetos que necesitan para la tienda.

- Escriba las ideas ofrecidas por ellos.

- Dígales que al día siguiente van a ir a una tienda verdadera para aprender más.

Niños que aprenden una segunda lengua
Para darle la oportunidad de participar a los niños que están aprendiendo una segunda lengua y que aún no se sienten confiados usando el nuevo vocabulario para responder preguntas, pídale al grupo que responda al unísono, es decir, todos al mismo tiempo. Pídale a un niño que esté aprendiendo la segunda lengua que responda, solamente si levanta la mano o indica de otra manera que desea hacerlo.

Antes de hacer la transición a las áreas de interés, hable de los tableros para hacer figuras y las tarjetas, disponibles en el área de juguetes y juegos.

Hora de escoger

Al interactuar con los niños en las áreas de interés, dedique tiempo a:

- Observar cómo usan los niños los tableros para hacer figuras. Preste atención a la habilidad que tengan para reproducir las figuras de las tarjetas.

Lectura en voz alta

Lea el cuento *Un bolsillo para Corduroy*.

- **Antes de leer**, pregunte, "¿De qué se trata este libro? ¿Qué ocurre en este cuento?"

- **Mientras lee**, invite a los niños a relatar de nuevo el cuento usando las ilustraciones como indicaciones.

- **Después de leer**, comenten cómo consiguió Corduroy su ropa (su bolsillo). Lisa se lo hizo. Pregúnteles si alguien que ellos conocen alguna vez les ha hecho ropa.

Grupos pequeños

Opción 1: Adivinanzas con rima

- Consulte Enseñanza Intencional LL11, "Adivinanzas con rima", y siga la orientación en la tarjeta usando la ropa como tema.

Opción 2: Poema sobre la ropa

- Busque un poema corto que rime relacionado con la ropa.

- Consulte Enseñanza Intencional LL10, "Lista de rimas".

- Lea el poema con los niños. Comente que muchos poemas tienen palabras que riman.

- Lea varias veces las palabras que riman y escríbalas en un pliego de papel grande.

- Siga la orientación ofrecida en la tarjeta para ayudar a que los niños digan palabras que rimen con la palabra *cama*.

- Continúe con otras palabras todo el tiempo que los niños estén interesados.

Niños que aprenden una segunda lengua
Acepte aproximaciones orales de los sonidos a medida que los niños traten de decir palabras que rimen con *cama*.

Mega Minutos

- Use Mega Minutos 07, "Alabío, alabao, ¿cuántos son?" Siga la orientación ofrecida en la tarjeta.

Reunión final

- Recuerde los eventos del día.

- Invite a los niños a compartir con el grupo algunas de las palabras que riman descubiertas durante el periodo en grupos pequeños.

¿Dónde compramos nuestra ropa?

Vocabulario

Español: *administrador(a), empleado(a), vendedor(a), cajero(a)*

Inglés: *manager, clerk, salesperson, cashier*

Todo el grupo

Rutina inicial

- Canten una bienvenida y hablen de quiénes están presentes.

Canción: "A que sí, a que no"

- Repase Mega Minutos 23, "A que sí, a que no".

Comentarios y escritura compartida: Prepararse para visitar un sitio

- Pregunte a los niños qué desean preguntarle a la persona administradora o empleada. Escriba las preguntas ofrecidas.

- Dígales que pueden usar sus tablillas con sujetapapeles para anotar cualquier cosa interesante que vean en la tienda.

- Repase la pregunta del día.

- Recuérdeles cómo espera usted que se comporten, p. ej., recuérdeles que deben mantenerse en grupo, no tocar nada hasta que sean invitados por un adulto a tocar algo, reponsabilizarse de sus tablillas con sujetapapeles y lápices. (Para obtener más información, consulte Enseñanza Intencional SE01, "Visitas a sitios".)

> **Infórmele siempre por anticipado a la persona del lugar al que usted hará una visita con los niños. Explíquele lo que harán ellos y cómo se diferencia esta visita de una visita a un sitio típica.**

Antes de hacer la transición a las áreas de interés, hable de los accesorios de la tienda de ropa disponibles en el área de juego dramático, y mencione cómo podrían usarlos.

Hora de escoger

Al interactuar con los niños en las áreas de interés, dedique tiempo a:

- Observar cómo juegan en la tienda imaginaria.

- Anime a los niños a asumir papeles como gerente, vendedor o cajero.

> **Para obtener más información acerca de los niveles del juego sociodramático, consulte *El Currículo Creativo para educación preescolar, Volumen 2: Áreas de interés.***

Lectura en voz alta

Lea el libro *Botón, botón, ¿quién tiene un botón?*

- **Antes de leer**, organice a los niños en parejas y déle a cada pareja objetos pequeños manipulables, p. ej., motas de algodón, cubos Unifix®, bloques pequeños.

- **Mientras lee**, anime a las parejas a hacer grupos de objetos para representar el número de elementos en la página.

- **Después de leer**, revisen los grupos hechos. Diga a los niños que el libro y los objetos estarán disponibles en el área de juguetes y juegos para que los usen durante la hora de escoger actividades. Dígales también que la versión electrónica estará disponible en la computadora.

Grupos pequeños

Opción 1: Muéstrame cinco objetos

- Consulte Enseñanza Intencional M16, "Muéstrame cinco objetos", y siga la orientación en la tarjeta usando botones como objetos manipulables.

Opción 2: Contar con rimas

- Consulte Enseñanza Intencional M13, "Contar con rimas", y siga la orientación ofrecida en la tarjeta.

Mega Minutos

- Use Mega Minutos 24, "Tintan, tintan". Siga la orientación ofrecida en la tarjeta.

Reunión final

- Recuerde los eventos del día.

- Invite a los niños a hablar de lo que aprendieron en la visita a la tienda. Escriba en un pliego de papel grande lo que digan los niños.

Investigación 5

¿Dónde compramos nuestra ropa?

Vocabulario

Español: *harapiento, manchado, salpicado*

Inglés: *tattered, splotched, splattered*

Todo el grupo

Rutina inicial

- Canten una bienvenida y hablen de quiénes están presentes.

Música: Patrones con palitos rítmicos

- Déle a cada niño un par de palitos rítmicos.

- Recuérdeles mantener los instrumentos en la posición de descanso.

- Repase Mega Minutos 26, "Patrones de palmadas". Siga la orientación ofrecida en la tarjeta usando palitos rítmicos.

Comentarios y escritura compartida: ¿Qué más necesitamos para nuestra tienda?

- Pregunte, "¿Qué vieron ayer en la tienda que podamos agregar a nuestra tienda imaginaria?"

- Escriba las ideas de los niños.

- Lea el libro *Mamá y Papá tienen una tienda*. Mencione el tipo de cosas que venden en la tienda y pregunte, "¿Vieron en este libro algo que debamos agregar a nuestra lista?" Escriba las ideas ofrecidas.

- Repase las ideas en la lista y pregunte: "¿Cómo podemos conseguir esto? ¿Hay algo que podamos hacer? ¿Ya hay algo en el salón que podamos usar?"

Antes de hacer la transición a las áreas de interés, hable de los accesorios adicionales disponibles en el área de juego dramático, y de los materiales para hacer tarjetas de agradecimiento disponibles en el área del arte. Mencione cómo podrían usarlos.

Hora de escoger

Al interactuar con los niños en las áreas de interés, dedique tiempo a:

- Escribir las palabras dichas por ellos en las tarjetas y animarles a escribir tanto como puedan, incluyendo su firma.

- Ofrecerles ideas si no saben qué escribir en las tarjetas. Anímeles a representar algo que hayan visto en la tienda y recuérdeles la pregunta del día para para ayudarlos a pensar en algo más.

Lectura en voz alta

Lea el cuento *Algo de nada*.

- **Antes de leer**, pregúnteles a los niños qué recuerdan del cuento.

- **Mientras lee**, anímelos a nombrar lo que el abuelo va a hacer. Defina las palabras *harapiento, manchado, salpicado*.

- **Después de leer**, vuelva a pasar las páginas del libro y pregunte qué más habría podido hacer el abuelo. "¿Qué más podría haber hecho con la tela de la corbata?"

Grupos pequeños

Opción 1: Tres tristes tigres

- Consulte Enseñanza Intencional LL16, "Trabalenguas", y siga la orientación ofrecida usando la frase "Tres tristes tigres tragaban trigo en un trigal".

Opción 2: Clasificar sonidos

- Consulte Enseñanza Intencional LL12, "Clasificar sonidos", y siga la orientación ofrecida usando elementos que **comienzan** y que **no comienzan** con *T*.

Enfocarse en las palabras que comienzan con el mismo sonido (aliteración) ayuda a que los niños asocien las letras y los sonidos.

Mega Minutos

- Use Mega Minutos 18, "Estoy pensando en…" Siga la orientación ofrecida en la tarjeta.

- Use objetos que los niños probablemente hayan visto en la tienda que visitaron. Nombre las figuras y las líneas para describir el objeto, así como el color, la textura y su uso. "Estoy pensando en algo que tiene una línea curva en la parte de arriba, como un gancho, y un triángulo en la parte de abajo. Sirve para mantener la ropa colgada en una varilla sin caer al suelo. Empieza con el sonido /k/".

Reunión final

- Recuerde los eventos del día.

- Invite a los niños a comentar sus experiencias cuando jugaron en la tienda del área de juego dramático.

Investigación 6

¿Qué ropa especial usa la gente para trabajar?

	Día 1	Día 2	Día 3
Áreas de interés	**Bloques:** muñequitos en uniforme o en ropa de trabajo; cámara digital **Computadoras:** la versión electrónica de *¿Quién usa esto?*	**Juego dramático:** ropa de trabajo	**Música y movimiento:** palitos rítmicos
Pregunta del día	¿Cuál de estas prendas usa un bombero para trabajar?	¿Alguien en la familia de ustedes usa uniforme para trabajar?	¿En el vecindario donde ustedes viven hay una estación de bomberos? (un papel grande con las opciones escritas, *Sí, No, No sé*)
Todo el grupo	**Canción:** "¿Yo qué hago?" **Comentarios y escritura compartida:** Explorar ropa de trabajo **Materiales:** ropa de trabajo común a ciertos trabajos, p. ej., casco de bombero, la bata blanca de médico, una camisa de uniforme militar; *¿Quién usa esto?*; Mega Minutos 11, "¿Yo qué hago?"	**Música:** Patrones con palitos rítmicos **Comentarios y escritura compartida:** ¿Qué usan sus parientes para trabajar? **Materiales:** palitos rítmicos; Mega Minutos 26, "Patrones de palmadas"; fotos de los familiares en ropa de trabajo	**Canción:** "La gente de tu vecindario" **Comentarios y escritura compartida:** Preguntas para los visitantes **Materiales:** un libro hecho el día anterior durante el periodo en grupos pequeños; Mega Minutos 01, "La gente de tu vecindario"
Lectura en voz alta	*¿Quién usa esto?*	*El sombrero del tío Nacho*	*Caperucita Roja* Hablemos de Libros 04 (primera lectura en voz alta)
Grupos pequeños	**Opción 1: Frijoles saltarines** Enseñanza Intencional LL05, "Frijoles saltarines"; tarjetas en forma de frijoles; una lata, como las de café **Opción 2: Caminar por letras** Enseñanza Intencional LL17, "Caminar por las letras," cinta de enmascarar; tarjetas del alfabeto o cartel del alfabeto	**Opción 1: Un álbum familiar** Enseñanza Intencional LL04, "Hacer libros"; fotos de parientes en ropa de trabajo; cinta adhesiva transparente o pegamento; implementos de encuadernación **Opción 2: ¿Qué clase de ropa usa la gente para trabajar?** Enseñanza Intencional LL04, "Hacer libros"; revistas; tijeras; cinta adhesiva transparente o pegamento; implementos de encuadernación	**Opción 1: Más o menos** Enseñanza Intencional M59, "Más o menos torres"; cubos ensamblables; una flecha giratoria que indique más/menos; tarjetas de números o un dado **Opción 2: ¿Cuál tiene más?** Enseñanza Intencional M19, "¿Cuál tiene más?"; cubetas de hielo o cajas de huevos desinfectadas; bolsitas resellables; colección de objetos de tamaño similar, p. ej., fichas para contar, monedas
Mega Minutos	Mega Minutos 15, "Tin, marín de do pingüé"	Mega Minutos 10, "Palabras en movimiento"	Mega Minutos 25, "¡Alto!"

Día 4	**Día 5**
Juguetes y juegos: tableros para abotonar y amarrar	**Juego dramático:** disfraces
¿Tu nombre tiene una *D* mayúscula o una *d* minúscula?	¿Tu nombre tiene una *e* minúscula?
Rima: "Papas para papá" **Comentarios y escritura compartida:** Visitante que usa uniforme **Materiales:** Mega Minutos 27, "Papas para papá," cámara digital	**Rima:** "Papas para papá" **Comentarios y escritura compartida:** Visitante que usa un disfraz **Materiales:** Mega Minutos 27, "Papas para papá"; cámara digital
Llama, la llama de rojo pijama	*Caperucita Roja* Hablemos de Libros 04 (segunda lectura en voz alta)
Opción 1: Cuentos con problemas de matemáticas Enseñanza Intencional M22, "Problemas de matemáticas"; objetos manipulables **Opción 2: Matemáticas en una tienda de ropa** Enseñanza Intencional M22, "Problemas de matemáticas"; colección de ropa	**Opción 1: Cuentos con problemas de matemáticas** Enseñanza Intencional M22, "Problemas de matemáticas"; objetos manipulables **Opción 2: Matemáticas en una tienda de ropa** Enseñanza Intencional M22, "Problemas de matemáticas"; colección de ropa
Mega Minutos 12, "Pico, pico, Mandorico"	Mega Minutos 14, "Canta conmigo"

Dedique tiempo para…

Experiencias al aire libre

Ejercicio divertido

- Enseñanza Intencional P14, "Moviéndonos por el bosque"

Colaboración con las familias

- Consulte a las familias si pueden enviar fotos de sus parientes en ropa de trabajo para usarlas en la investigación esta semana. Si al dejar a los niños, los parientes llegan en ropa de trabajo, ofrézcase a tomarles usted las fotos.
- Informe a las familias la fecha de la celebración para finalizar el estudio.
- Ponga un letrero en un lugar visible para animar a las familias a continuar reuniendo prendas de ropa para la donación de ropa.
- Sugiera a las familias que lean y discutan con sus niños la versión electrónica de *¿Quién usa esto?*

Experiencias sorprendentes

- Días 4 y 5: Invite a alguien que use uniforme en el trabajo y a alguien que use un disfraz en el trabajo o como recreación a que visite el salón

Si no cuenta con ningún pariente, invite al cocinero(a), a la persona encargada de la limpieza, al guardia que supervisa el cruce de la calle o a otro(a) empleado(a) a que visite el salón usando uniforme. Llame a una compañía de teatro de su localidad para invitar a alguien que visite el salón usando un disfraz. Si es posible, programe una visita a un teatro para estar entre bastidores y ver los disfraces.

¿Qué ropa especial usa la gente para trabajar?

Vocabulario

Español: *uniforme, trabajo*

Inglés: *uniform, job*

Todo el grupo

Rutina inicial

- Canten una bienvenida y hablen de quiénes están presentes.

Canción: "¿Yo qué hago?"

- Repase Mega Minutos 11, "¿Yo qué hago?"

- Siga la orientación en la tarjeta usando prendas de distintos uniformes.

- Invite a los niños a aplaudir una vez en cada palabra del estribillo "¿Yo qué hago?"

Comentarios y escritura compartida: Explorar ropa de trabajo

- Presente el tema de esta investigación haciendo comentarios. Usted podría decir: "Las personas que hacen ciertos trabajos usan ropa especial o uniformes. Por ejemplo, piensen en los bomberos. ¿Qué clase de ropa usan ellos?"

- Continúe con unos cuantos ejemplos más, como los agentes de policía, los mecánicos de automóviles, los agricultores, los cocineros, los carpinteros, los atletas, los bailarines o los militares.

- Muestre alguna ropa de trabajo o ilustraciones del libro *¿Quién usa esto?*

- Repase la pregunta del día.

- Haga preguntas para ayudar a los niños a pensar por qué ciertos trabajos requieren usar ciertos uniformes (p. ej., "¿Por qué creen ustedes que los bomberos deben usar cascos duros?")

Niños que aprenden una segunda lengua
Si los niños parecen confundidos por alguna pregunta, use un vocabulario más sencillo y, si es posible, oraciones más sencillas o más cortas. Por ejemplo, simplifique la pregunta "¿Por qué creen ustedes que los bomberos usan cascos duros mientras trabajan?" y diga, "¿Por qué los bomberos usan cascos duros?" Esta técnica beneficia a todos los niños y es especialmente útil para aquellos que están aprendiendo una segunda lengua.

Antes de hacer la transición a las áreas de interés, hable de los muñecos que tienen uniforme o ropa de trabajo, disponibles en el área de bloques, y mencione cómo podrían usarlos.

Hora de escoger

Al interactuar con los niños en las áreas de interés, dedique tiempo a:

- Observar cómo usan los muñecos en el área de bloques. Hágales preguntas acerca de sus construcciones y qué están haciendo los muñecos con uniformes.
- Tomar fotos de sus construcciones.

Niños que aprenden una segunda lengua
Los niños que están aprendiendo una segunda lengua, a menudo se sienten más a gusto trabajando en áreas como la de los bloques, cuando descubren lo que pueden hacer por su cuenta. Trabajar de esta manera, les permite prepararse para interactuar con sus compañeros cuando estén listos.

Lectura en voz alta

Lea el cuento *¿Quién usa esto?* (Lea la primera parte del libro que describe lo que usa la gente para trabajar.)

- **Antes de leer**, pregunte, "¿De qué creen que se trata este libro?"
- **Mientras lee**, haga pausas y anime a los niños a adivinar quién usa las prendas de ropa descritas en el libro.

- **Después de leer**, hable de las prendas de ropa mencionadas en el libro, disponibles en el área de juego dramático. Diga a los niños que la versión electrónica estará disponible en la computadora.

Grupos pequeños

Opción 1: Frijoles saltarines

- Consulte Enseñanza Intencional LL05, "Frijoles saltarines", y siga la orientación ofrecida en la tarjeta.

Opción 2: Caminar por letras

- Consulte Enseñanza Intencional LL17, "Caminar por las letras", y siga la orientación ofrecida en la tarjeta.

Mega Minutos

- Use Mega Minutos 15, "Tin, marín de do pingüé". Siga la orientación ofrecida en la tarjeta.

Reunión final

- Recuerde los eventos del día.

- Invite a los niños que hayan trabajado en el área de los bloques a comentarle al resto del grupo lo que hicieron (si tomó fotografías, use algunas para ayudarlos a recordar).

¿Qué ropa especial usa la gente para trabajar?

Vocabulario

Español: *partirse el corazón*

Inglés: *heartbreak*

Todo el grupo

Rutina inicial

- Canten una bienvenida y hablen de quiénes están presentes.

Música: Patrones con palitos rítmicos

- Déle a cada niño un par de palitos rítmicos.

- Recuérdeles a los niños como mantener los instrumentos en posición de descanso.

- Repase Mega Minutos 26, "Patrones de palmadas".

- Con los niños, siga la orientación en la tarjeta usando los palitos rítmicos.

Comentarios y escritura compartida: ¿Qué usan sus parientes para trabajar?

- Pregunte, "¿Qué clase de ropa usan sus parientes para trabajar?"

- Recuerde a los niños la pregunta del día.

- Invite a los niños a mostrar las fotos que hayan traído.

- Escriba las palabras dichas por los niños para describir la ropa.

Antes de hacer la transición a las áreas de interés, muestre las prendas de ropa disponibles en el área de juego dramático y mencione cómo usarlas.

Hora de escoger

Al interactuar con los niños en las áreas de interés, dedique tiempo a:

- Animarles a explorar la colección de ropa para buscar prendas semejantes a las que están usando sus parientes en las fotos compartidas con el grupo.

Lectura en voz alta

Lea el cuento *El sombrero del tío Nacho*.

- **Antes de leer**, cubra el título del libro y pregunte, "¿Alguien recuerda cómo se llama este cuento?"

- **Mientras lee**, anime a los niños a relatar de nuevo el cuento pidiéndoles que describan lo que ocurre en las ilustraciones y digan lo que va a ocurrir después.

- **Después de leer**, regrese a la página donde el tío Nacho lleva el sombrero al campo para dejarlo allí. "El tío Nacho dice que va a dejar allí el sombrero para que *no se le parta el corazón*. ¿Qué quiere decir la gente cuando dice que se le parte el corazón?"

Niños que aprenden una segunda lengua
Dedique tiempo a explicar la jerga, las expresiones idiomáticas y el lenguaje figurado que aparece en los libros infantiles. Debido a que la mayoría de los niños pequeños piensan literalmente, los niños que están aprendiendo una segunda lengua, en particular, podrían no captar lo que se expresa en el cuento por no haber oído antes expresiones comunes y por lo tanto no comprenderlas.

Grupos pequeños

Opción 1: Un álbum familiar

- Consulte Enseñanza Intencional LL04, "Hacer libros", y siga la orientación ofrecida en la tarjeta para hacer un libro usando las fotos traídas por los miembros de la familia.

Opción 2: ¿Qué clase de ropa usa la gente para trabajar?

- Consulte Enseñanza Intencional LL04, "Hacer libros".

- Pida a los niños que miren revistas, que busquen ilustraciones de personas vestidas en ropa de trabajo y que las recorten.

- Siga la orientación ofrecida en la tarjeta para hacer el libro.

Mega Minutos

- Use Mega Minutos 10, "Palabras en movimiento". Haga la variación de número que está en el reverso de la tarjeta.

Reunión final

- Recuerde los eventos del día.
- Muéstrele al grupo el libro hecho por los niños durante el periodo en grupos pequeños.

¿Qué ropa especial usa la gente para trabajar?

Vocabulario

Español: *vecindario*

Inglés: *neighborhood*

Consulte vocabulario adicional en Hablemos de Libros 04, *Caperucita roja (Little Red Riding Hood)*.

Todo el grupo

Rutina inicial

- Canten una bienvenida y hablen de quiénes están presentes.

Canción: "La gente de tu vecindario"

- Repase la pregunta del día.
- Repase Mega Minutos 01, "La gente de tu vecindario".
- Siga la orientación en la tarjeta.
- Agregue versos a los trabajos descritos en el libro creado por los niños el día anterior durante el periodo en grupos pequeños.

Comentarios y escritura compartida: Preguntas para los visitantes

- Mencione que los visitantes vendrán al salón de clase para mostrar y hablar de su ropa de trabajo.
- Pregunte: "¿Qué vamos a preguntar a los visitantes durante los próximos días?"
- Escriba las preguntas que hagan los niños para que puedan revisarlas antes y después de cada visita.

Antes de hacer la transición a las áreas de interés, hable acerca de los palitos rítmicos disponibles en el área de música y movimiento, y mencione cómo podrían usarlos.

Hora de escoger

Al interactuar con los niños en las áreas de interés, dedique tiempo a:

- Observar a los niños usando los palitos rítmicos.
- Estar atento a los patrones rítmicos que repitan al tocar con los palitos.

- Animarles a turnarse para tocar un patrón rítmico y para escuchar y repetir los patrones que toquen los otros niños.

Lectura en voz alta

Lea el cuento *Caperucita Roja.*

- Consulte Hablemos de Libros 04, *Caperucita Roja,* y siga la orientación ofrecida en la tarjeta para realizar la primera lectura en voz alta.

Grupos pequeños

Opción 1: Más o menos

- Consulte Enseñanza Intencional M59, "Más o menos torres", y siga la orientación ofrecida en la tarjeta.

Opción 2: ¿Cuál tiene más?

- Consulte Enseñanza Intencional M19, "¿Cuál tiene más?", y siga la orientación ofrecida en la tarjeta.

Mega Minutos

- Use Mega Minutos 25, "¡Alto!" Haga la variación de letra-sonido que está en el reverso de la tarjeta.

Reunión final

- Recuerde los eventos del día.
- Recuérdeles a los niños quién vendrá a visitar la clase al día siguiente.

¿Qué ropa especial usa la gente para trabajar?

Vocabulario

Español: *proteger, paciente*

Inglés: *protect, patient*

Todo el grupo

Rutina inicial

- Canten una bienvenida y hablen de quiénes están presentes.

Rima: "Papas para papá"

- Escriba las palabras de Mega Minutos 27, "Papas para papá" en un pliego de papel grande. Muestre la lista.

- Repase Mega Minutos 27, "Papas para papá". Siga la orientación en la tarjeta. Informalmente, pida a los niños que se fijen en una *P* mayúscula y una *p* minúscula.

- Señale las palabras escritas en el papel mientras las lee.

- Anime a los niños a inventar palabras graciosas para la rima, como "tapas, tapas para tata".

- Invite a los niños a acercarse a la lista y a señalar la *P* mayúscula o la *p* minúscula.

- Repase la pregunta del día.

Comentarios y escritura compartida: Visitante que usa uniforme

- Presente al visitante.

- Invite a la persona a explicar el trabajo que hace y a describir el uniforme que usa.

- Anime a los niños a hacer las preguntas que usted anotó el día anterior. Escriba las respuestas ofrecidas.

- Explíqueles que alguna ropa que la gente usa en el trabajo está diseñada para protegerse (p. ej., de heridas o quemaduras).

- Póngales como ejemplo el uso del casco al conducir una bicicleta.

- Tome fotos para documentar la visita y volverlas a mirar más adelante.

Antes de hacer la transición a las áreas de interés, hable de los tableros para abotonar y amarrar cordones, disponibles en el área de juguetes y juegos, y mencione cómo podrían usarlos.

> **Sustituir un sonido (fonema) por otro es un nivel avanzado de conocimiento fonológico (de los sonidos) y un factor clave para poder predecir el futuro éxito en la lectura.**

Hora de escoger

Al interactuar con los niños en las áreas de interés, dedique tiempo a:

- Observar la coordinación motriz fina de los niños mientras ellos usan los tableros para abotonar y amarrar.

- Describir lo que hagan. "Estás haciendo pasar el cordón por el agujero. Ahora estás haciendo dos lazadas".

> Algunos niños en su salón podrían necesitar ayuda adicional para desarrollar la capacidad y la coordinación motriz fina. Abotonar y amarrar les brindará la oportunidad de fortalecer los músculos de las manos, las cuales usarán para escribir.

Lectura en voz alta

Lea el cuento *Llama, la llama de rojo pijama*.

- **Antes de leer**, pregunte, "¿Que recuerdan acerca de este cuento?"

- **Mientras lee**, describa las expresiones de la cara de la llamita para que los niños noten sus emociones cada vez más fuertes.

- **Después de leer**, muestre la página donde la mamá le dice que sea paciente. Pregunte, "¿Qué quiere decir mamá cuando ella dice, "Por favor, ten *paciencia*?" Defina la expresión "tener paciencia" o "ser pacientes".

Explique, "Hay ocasiones en las cuales debemos ser *pacientes* en el salón. Por ejemplo cuando esperamos en fila para tomar agua en la fuente". Pregunte: "¿Recuerdan alguna ocasión en el salón en la que hayan sido *pacientes*?"

> Para obtener más información sobre cómo hablar con los niños de las emociones mencionadas en los cuentos, consulte Enseñanza Intencional SE05, "Sentimientos de los personajes".

Grupos pequeños

Opción 1: Cuentos con problemas de matemáticas

- Consulte Enseñanza Intencional M22, "Problemas de matemáticas", y siga la orientación ofrecida en la tarjeta.

Opción 2: Matemáticas en una tienda de ropa

- Consulte Enseñanza Intencional M22, "Problemas de matemáticas".

- Siga la orientación en la tarjeta para crear cuentos con problemas matemáticos en una tienda de ropa. Use prendas de la colección, p. ej., "Quiero comprar dos camisas verdes y tres azules. ¿Cuántas camisas voy a comprar en total?"

Mega Minutos

- Use Mega Minutos 12, "Pico, pico, Mandorico". Siga la orientación ofrecida en la tarjeta.

Reunión final

- Recuerde los eventos del día.

- Hablen acerca del visitante y escriban una nota de agradecimiento del grupo.

- Invite a los niños a hacer dibujos y escribir sus nombres en la nota.

- Recuérdeles a los niños quién vendrá a visitar la clase al día siguiente.

¿Qué ropa especial usa la gente para trabajar?

Vocabulario

Consulte vocabulario en Hablemos de Libros 04, *Caperucita Roja (Little Red Riding Hood)*.

Todo el grupo

Rutina inicial

- Canten una bienvenida y hablen de quiénes están presentes.

Rima: "Papas para papá"

- Repase Mega Minutos 27, "Papas para papá". Siga la orientación en la tarjeta.

- Muestre la lista del día anterior con las palabras de Mega Minutos 27, "Papas para papá".

- Señale las palabras escritas en la lista mientras las lee.

- Anime a los niños a inventar palabras graciosas para la rima, como "mapas y mapas para mamá".

- Invite a los niños a acercarse a la lista y señalar una letra e minúscula.

- Repase la pregunta del día.

Comentarios y escritura compartida: Visitante que usa un disfraz

- Presente al visitante.

- Pídale que explique en qué consiste su trabajo y la ropa que usa.

- Anime a los niños a hacerle sus preguntas. Escriba las respuestas ofrecidas.

- Ayúdeles a asociar sus propias experiencias con los disfraces, p. ej., accesorios en el área de juego dramático, disfraces de Halloween, o el disfraz que usa el visitante para actuar.

- Comente qué significa hacerse el que uno es otra persona. Pídale hablar de alguna ocasión en la que haya usado disfraces.

- Tome fotos para documentar la visita y volverlas a mirar más adelante.

Antes de hacer la transición a las áreas de interés, hable de los disfraces disponibles en el área de juego dramático y mencione cómo podrían usarlos.

Hora de escoger

Al interactuar con los niños en las áreas de interés, dedique tiempo a:

Describir lo que vea haciendo a los niños con los disfraces en el área de juego dramático y preguntarles acerca de lo que están haciendo.

> Al hablar acerca de lo que hacen los niños, usted los hace más conscientes de que están imaginando ser otra persona.

Lectura en voz alta

Lea el cuento *Caperucita Roja.*

- Consulte Hablemos de Libros 04, *Caperucita Roja,* y siga la orientación ofrecida en la tarjeta para realizar la segunda lectura en voz alta.

Grupos pequeños

Opción 1: Cuentos con problemas de matemáticas

- Consulte Enseñanza Intencional M22, "Problemas de matemáticas", y siga la orientación ofrecida en la tarjeta.

Opción 2: Matemáticas en una tienda de ropa

- Consulte Enseñanza Intencional M22, "Problemas de matemáticas".

- Siga la orientación en la tarjeta para crear cuentos con problemas matemáticos en una tienda de ropa. Use prendas de la colección, p. ej., "Quiero comprar dos camisas verdes y tres azules. ¿Cuántas camisas voy a comprar en total?"

Repetir esta actividad realizada en grupos pequeños el día anterior le permitirá expandir las experiencias y el conocimiento de los niños.

Mega Minutos

- Use Mega Minutos 14, "Canta conmigo". Siga la orientación ofrecida en la tarjeta.

Reunión final

- Recuerde los eventos del día.

- Comente con los niños lo que aprendieron en la visita de hoy y escríbanle al visitante una nota de agradecimiento del grupo. Invite a los niños a hacer dibujos y escribir sus nombres en la nota.

Investigación 7

¿Qué otra ropa especial usa la gente?

	Día 1	Día 2
Áreas de interés	**Arte:** papel de mural; pinturas; retazos de tela; pegamento; marcadores **Computadoras:** la versión electrónica del libro *Caperucita Roja*	**Arte:** papel de mural; pinturas; retazos de tela; pegamento; marcadores **Computadoras:** la versión electrónica del libro *¿Quién usa esto?*
Pregunta del día	¿La Caperucita Roja es una persona de verdad o un personaje inventado?	¿Qué se ponen ustedes primero, cuando se visten en la mañana: sus calcetines, su ropa interior, su camisa?
Todo el grupo	**Juego:** Cooperación con palitos rítmicos **Comentarios y escritura compartida:** Ropa para jugar **Materiales:** palitos rítmicos; *¿Quién usa esto?*	**Canción:** "Así lo hacemos" **Comentarios y escritura compartida:** Eventos especiales **Materiales:** Mega Minutos 06, "Así lo hago yo"
Lectura en voz alta	*Caperucita Roja* Hablemos de Libros 04 (segunda lectura en voz alta)	*¿Quién usa esto?*
Grupos pequeños	**Opción 1: ¿En cuál figura estoy pensando?** Enseñanza Intencional M20, "¿En cuál figura estoy pensando?"; cuerpos geométricos; recipientes vacíos de figuras geométricas **Opción 2: Armar figuras** Enseñanza Intencional M42, "Hacer figuras"; tarjetas con figuras geométricas; popotes cortados en largos diferentes; limpia-pipas	**Opción 1: Trabalenguas** Enseñanza Intencional LL16, "Trabalenguas" **Opción 2: Clasificar los sonidos de la letra C** Enseñanza Intencional LL12, "Clasificar sonidos"; nombres de objetos que **comienzan** y que **no comienzan** con el sonido /k/
Mega Minutos	Mega Minutos 24, "Tintan, tintan"	Mega Minutos 15, "Tin, marín de do pingüé"

Arte: papel de mural; pinturas; retazos de tela; pegamento; marcadores

Juego dramático: albúm de fotos o fotos de la familia

¿A qué evento especial han asistido sus familias?

Juego: A saltar con un sonido

Comentarios y escritura compartida: Eventos familiares especiales

Materiales: palitos rítmicos; Mega Minutos 17, "A saltar con un sonido"; fotos de familias en eventos especiales

La joven que tenía demasiado

Opción 1: Letras, letras y más letras

Enseñanza Intencional LL07, "Letras, letras y más letras"; almohadillas de tinta; sellos del alfabeto; papel de construcción o letras magnéticas y tablero

Opción 2: Tesoros escondidos

Enseñanza Intencional LL21, "Tesoros escondidos"; letras magnéticas; imán grande; regla u objeto similar; cinta adhesiva; mesa de arena con arena

Mega Minutos 04, "Rima, rima, ma, me, mi"

Experiencias al aire libre

Búsqueda de figuras

- Lleve al aire libre tarjetas de figuras geométricas.

- Anime a los niños a seleccionar una tarjeta con una figura y luego a encontrar objetos afuera que tengan la misma forma ilustrada en la tarjeta.

- Tome fotos, o deje que los niños tomen fotos de lo que encuentren.

Colaboración con las familias

- Pídales a las familias que traigan fotos de eventos familiares especiales, p. ej., un partido de fútbol de un hermano mayor, un matrimonio, una celebración de una festividad, un viaje a la playa.

- Anime a las familias a traer prendas para la donación de ropa.

- Sugiera a las familias que lean y discutan la versión electrónica de *Caperucita Roja*.

Investigación 7

¿Qué otra ropa especial usa la gente?

Vocabulario

Español: *recto*

Inglés: *straight*

Consulte vocabulario adicional en Hablemos de Libros 04, *Caperucita Roja (Little Red Riding Hood)*.

Todo el grupo

Rutina inicial

- Canten una bienvenida y hablen de quiénes están presentes.

Juego: Cooperación con palitos rítmicos

- Déle a cada niño dos palitos rítmicos.

- Explique que en lugar de tocar música van a hacer figuras.

- Indíqueles que los palitos rítmicos tienen líneas rectas.

- Dibuje en un pliego de papel grande una figura que sólo tenga líneas rectas. Cuente las líneas rectas que hay en la figura.

- Pida a los niños que trabajen unos con otros para crear la figura usando los palitos rítmicos, p. ej., si la figura es un rectángulo, dos niños podrían colocar juntos sus palitos; o tres niños podrían usar seis palitos para hacer un rectángulo.

- Describa las distintas maneras en que los niños hayan combinado los palitos rítmicos para formar la figura. Si no hay variedad, pregunte: "¿Se puede hacer la misma figura usando más [o menos] palitos?"

- Continúe usando otras figuras.

Comentarios y escritura compartida: Ropa para jugar

- Explique que cuando la gente juega algún deporte, a veces usa ropa especial.

- Muestre unos cuantos ejemplos del libro *¿Quién usa esto?*

- Pídales a los niños otros ejemplos de ropa especial que podría usar la gente cuando juega.

- Escriba las respuestas.

Antes de hacer la transición a las áreas de interés, hable de los materiales disponibles en el área del arte que podrán usar los niños para hacer un mural de la clase. Anímelos a representar en el mural algo de lo que hayan aprendido sobre la ropa.

Hora de escoger

Al interactuar con los niños en las áreas de interés dedique tiempo a:

- Ayudarles a revisar las listas hechas en los periodos con todo el grupo, las fotos tomadas durante el estudio, las obras artísticas de los niños exhibidas en las paredes y los libros que hayan hecho durante los periodos en grupos pequeños para obtener ideas para el mural y reflexionar sobre lo aprendido.

> **Hacer juntos un mural es una excelente manera de fomentar la cooperación y de forjar el sentido de comunidad trabajando juntos. Para obtener más información sobre cómo hacer un mural, consulte Enseñanza Intencional SE26, "Hacer un mural".**

Lectura en voz alta

Lea el cuento *Caperucita Roja.*

- Consulte Hablemos de Libros 04, *Caperucita Roja.* Siga la orientación en la tarjeta para la tercera lectura en voz alta.

- Repase la pregunta del día.

- Diga a los niños que la versión electrónica estará disponible en la computadora.

Grupos pequeños

Opción 1: ¿En cuál figura estoy pensando?

- Consulte Enseñanza Intencional M20, "¿En cuál figura estoy pensando?" Siga la orientación en la tarjeta.

Opción 2: Armar figuras

- Consulte Enseñanza Intencional M42, "Hacer figuras", y siga la orientación en la tarjeta.

Mega Minutos

- Use Mega Minutos 24, "Tintan, tintan". Siga la orientación ofrecida en la tarjeta.

Reunión final

- Recuerde los eventos del día.
- Comente el progreso logrado en el mural de la clase. Invite a los niños que hayan trabajado en él a mostrar al resto sus contribuciones a la obra.

- Hable con los niños sobre la recolección de ropa para donar. Recuérdeles su experiencia en la tienda y que la ropa cuesta dinero. Explíqueles que en lugar de botar la ropa que nos quede pequeña o que no necesitemos más, podemos dársela a otras personas que la necesitan.

¿Qué otra ropa especial usa la gente?

Vocabulario

Español: *secuencia*

Inglés: *sequence*

Todo el grupo

Rutina inicial

- Canten una bienvenida y hablen de quiénes están presentes.

Canción: "Así lo hacemos"

- Repase Mega Minutos 06, "Así lo hago".

- Usando la secuencia para vestirse, siga la orientación en la tarjeta.

- Explique, "Vamos a cantar una canción que habla de la secuencia de vestirse en la mañana. Una *secuencia* quiere decir el orden en que algo ocurre primero, después y por último. Vamos a comenzar la canción con la prenda de ropa que tiene la mayoría de marcas en la pregunta del día".

- Pregunte, "¿Qué respuesta a la pregunta del día tuvo la mayoría de marcas esta mañana?"

- Continúe con otros versos, preguntándoles a los niños qué sigue en la secuencia.

Niños que aprenden una segunda lengua
Al hacer la pregunta, muestre a los niños los objetos que nombren. Luego, al cantar la canción con el grupo, señale cada prenda para reforzar el vocabulario.

Comentarios y escritura compartida: Eventos especiales

- Recuerde un momento en que haya asistido a un evento especial. Descríbales el evento a los niños y hable de lo que la gente estaba usando y lo que usted usó.

- Pregúntele a los niños si pueden pensar en eventos especiales a los que hayan asistido, en los que hayan tenido que usar ropa especial.

- Invite a los niños a compartir sus historias. Escriba sus descripciones de la ropa que hayan usado.

Antes de hacer la transición a las áreas de interés, hable acerca de los materiales en el área del arte que los niños podrán usar para hacer un mural de la clase.

Hora de escoger

Al interactuar con los niños en las áreas de interés, dedique tiempo a:

- Continuar ayudando a los niños a revisar las listas hechas en los periodos con todo el grupo, las fotos tomadas durante el estudio, las obras artísticas exhibidas en las paredes y los libros que hayan hecho durante los periodos en grupos pequeños para obtener ideas para el mural y reflexionar sobre lo aprendido.

Lectura en voz alta

Lea *¿Quién usa esto?* En esta ocasión, lea la segunda parte del libro que describe la ropa que usa la gente para jugar y celebrar.

- **Antes de leer**, recuérdeles a los niños que ustedes leyeron la primera parte del libro que describe la ropa que usa la gente para trabajar. Dígales, "Ahora vamos a leer acerca de otra ropa especial que la gente usa a veces".
- **Mientras lee**, haga pausas y anime a los niños a adivinar quién usa las prendas de ropa que usted describe.

- **Después de leer**, pregúnteles, "¿Alguna vez han usado algunas de las prendas mencionadas en el libro?" Anime a los niños a describir cuándo y por qué usaron esa ropa. Diga a los niños que la versión electrónica estará disponible en la computadora.

Niños que aprenden una segunda lengua
Dividir una lectura extensa en dos segmentos o más les sirve a los niños que están aprendiendo una segunda lengua y también a los niños que ya la hablan para mantenerse concentrados y comprender la historia.

Grupos pequeños

Opción 1: Trabalenguas

- Consulte Enseñanza Intencional LL16, "Trabalenguas". Siga la orientación en la tarjeta usando palabras que comiencen con la letra *c* y el sonido /k/. Use el siguiente trabalenguas para comenzar: "Carlos come poco coco".

Opción 2: Clasificar los sonidos de la letra C

- Consulte Enseñanza Intencional LL12, "Clasificar sonidos". Siga la orientación en la tarjeta usando nombres de objetos que comiencen y que no comiencen con la letra *c* y el sonido /k/.

Mega Minutos

- Use Mega Minutos 15, "Tin, marín de do pingüé".

- Use las tarjetas de figuras para realizar el juego. Anime a los niños a decir el nombre de la figura y a mostrar dónde más pueden encontrar esa figura en el salón.

Reunión final

- Recuerde los eventos del día.
- Comente el progreso logrado en el mural de la clase. Invite a los niños que hayan trabajado en el mural a mostrarle al resto del grupo sus contribuciones a la obra.

- Creen un anuncio para ponerlo en el salón, invitando a las familias a la celebración del final del estudio.

¿Qué otra ropa especial usa la gente?

Vocabulario

Español: *inspiración*

Inglés: *inspiration*

Todo el grupo

Rutina inicial

- Canten una bienvenida y hablen de quiénes están presentes.

Juego: A saltar con un sonido

- Repase Mega Minutos 17, "A saltar con un sonido". Siga la orientación ofrecida en la tarjeta.

Comentarios y escritura compartida: Eventos familiares especiales

- Invite a los niños a mostrar las fotos de sus familias en eventos especiales.

- Repase la pregunta del día.

- Hablen de la ropa que la gente está usando y por qué la están usando (p. ej., "La reunión de la familia de Donovan fue en la playa, así que todos están usando pantalones cortos y camisetas; Jamile fue el niño que llevó los anillos en una boda elegante, así que estaba usando un traje llamado esmoquin").

- A medida que habla de las fotos, vaya poniéndolas en un álbum.

- Escriba algunas de las palabras que los niños usen para describir la ropa.

Antes de hacer la transición a las áreas de interés, hablen del álbum de fotos de las familias que está disponible en el área de juego dramático y cómo podrían usarlo para *inspirarse;* es decir, para obtener ideas para el juego dramático. Recuerde a los niños que pueden seguir trabajando en el mural en el área del arte.

Hora de escoger

Al interactuar con los niños en las áreas de interés, dedique tiempo a:

- Invitar a los niños a usar las fotos de la familia como inspiración para su juego.

- Continuar ayudando a los niños cuando sea necesario para representar en el mural de la clase su aprendizaje a lo largo del estudio.

Lectura en voz alta

Lea el cuento *La joven que tenía demasiado*.

- **Antes de leer**, pregunte, "¿Recuerdan de qué se trata el cuento?"

- **Mientras lee**, hablen de la ropa especial que la niña quiere usar para el baile.

- **Después de leer**, pregunte, "La niña en este cuento realmente quería verse bonita para el baile. ¿Alguna vez ustedes han pasado mucho tiempo pensando lo que van a usar para ir a un lugar especial porque querían verse muy bien? ¿A dónde iban a ir?"

Grupos pequeños

Opción 1: Letras, letras y más letras
- Consulte Enseñanza Intencional LL07, "Letras, letras y más letras", y siga la orientación ofrecida en la tarjeta.

Opción 2: Tesoros escondidos
- Consulte Enseñanza Intencional LL21, "Tesoros escondidos" y siga la orientación en la tarjeta.

Mega Minutos

- Use Mega Minutos 04, "Rima, rima, ma, me, mi". Siga la orientación ofrecida en la tarjeta.

Reunión final

- Recuerde los eventos del día.
- Exhiba el mural acabado. Invite a los niños que hayan trabajado en él a mostrar sus contribuciones a la obra.

Preguntas adicionales para investigar

¿Cómo podemos ampliar más el estudio?

Si los niños siguen interesados en el estudio y desean investigar más, usted podría ampliar la investigación con preguntas adicionales como las siguientes:

¿Dónde compra la gente de nuestra comunidad las telas?

¿Qué debe saber la gente que trabaja en una tienda de ropa o de telas?

¿Qué tipo de ropa usaba la gente en otras épocas?

¿Quién decide cómo debe ser la ropa?

¿Qué clase de ropa usa la gente en distintas partes del mundo?

¿Hay otras preguntas adicionales que le servirían para ampliar este estudio?

Nuestra investigación

Nuestra investigación

	Día 1	Día 2	Día 3
Áreas de interés			
Pregunta del día			
Todo el grupo			
Lectura en voz alta			
Grupos pequeños			
Mega Minutos			

Día 4	Día 5	Dedique tiempo para…
		Experiencias al aire libre
		Colaboración con las familias
		Experiencias sorprendentes

Nuestra investigación

Vocabulario

Español:

Inglés:

Todo el grupo

Hora de escoger

Lectura en
voz alta

Grupos
pequeños

Mega Minutos

Reunión final

Celebración de lo aprendido

Para finalizar el estudio

Cuando termine el estudio —cuando se haya respondido a la mayoría de las preguntas de los niños— será importante hacer tiempo para reflexionar y celebrar. Planee una manera especial de celebrar lo que han aprendido y logrado. Permita que los niños asuman tanta responsabilidad como puedan para planear las actividades. A continuación se ofrecen unas cuantas sugerencias:

- Organice estaciones para que los niños les muestren a los visitantes cómo investigaron la ropa.

- Hagan una visita a una tienda grande de ropa.

- Invite a los familiares y a otros grupos de alumnos a un desfile de modas.

- Haga un libro grande de la clase, un álbum o un panel para documentar el estudio de la ropa.

- Haga camisetas, pañoletas o calcetines teñidos para todos los miembros del grupo.

En las siguientes páginas se ofrecen planes diarios para dos días de celebración. Agregue sus ideas y las de los niños para celebrar su aprendizaje.

Ideas para celebrar el estudio

Celebración de lo aprendido

	Día 1	Día 2	
Áreas de interés	**Juego dramático:** la ropa para donar y cajas **Computadoras:** la versión electrónica del libro *La quinceañera*	**Biblioteca:** todos los libros que los niños hayan hecho durante el estudio	
Pregunta del día	¿Que les gustaría mostrar a nuestros invitados mañana en la celebración del estudio de la ropa?	¿Qué fue lo que más les gustó del estudio de la ropa?	
Todo el grupo	**Juego:** Jugando juntos con palitos rítmicos **Comentarios y escritura compartida:** Prepararse para la celebración **Materiales:** palitos rítmicos	**Canción:** "Pantalones rojos" (y ropa especial) **Comentarios y escritura compartida:** Mostrar y hablar de ropa especial **Materiales:** Mega Minutos 03, "Pantalones rojos"	
Lectura en voz alta	*La quinceañera*	*Se venden gorras*	
Grupos pequeños	**Opción 1: ¿Qué falta?** Enseñanza Intencional LL18, "¿Qué falta?"; colección de ropa; hoja de papel grande o cartón **Opción2: Juegos para la memoria** Enseñanza Intencional LL08 "Juegos para la memoria"; juego para la memoria o juego de lotería	**Opción 1: ¿Cuántas prendas de vestir?** Enseñanza Intencional M06, "Llevar la cuenta"; colección de ropa; tablillas con sujetapapeles **Opción 2: Distintas clases de ropa** Enseñanza Intencional M02, "Contar y comparar"; colección de ropa	
Mega Minutos	Mega Minutos 21, "Pin, pon, ¿cuántos son?"	Mega Minutos 04, "Rima, rima, ma, me, mi"	

Experiencias al aire libre

Ejercicio divertido

- Enseñanza Intencional P29, "Parar y seguir".
  Siga la orientación en la tarjeta.

Colaboración con las familias

- Incluya a las familias en la celebración.

Celebración de lo aprendido

Planeemos nuestra celebración

Vocabulario

Español: *celebración*

Inglés: *celebration*

Todo el grupo

Rutina inicial

- Canten una bienvenida y hablen de quiénes están presentes.

Juego: Cooperación con palitos rítmicos

- Déle a cada niño dos palitos rítmicos.

- Explíqueles que en lugar de tocar música o hacer figuras van a hacer letras.

- Haga notar que los palitos rítmicos tienen líneas rectas.

- En un pliego de papel grande, haga una letra que sólo tenga líneas rectas. Cuente el número de líneas rectas en la letra.

- Pídales a los niños que trabajen unos con otros para crear la letra, usando los palitos rítmicos, p. ej., si la letra es una *E*, dos niños podrían colocar sus palitos juntos para formar la letra o tres niños podrían usar cinco varitas para hacerla.

- Continúe usando otras letras con líneas rectas.

Comentarios y escritura compartida: Prepararse para la celebración

- Hablen de la *celebración* que tendrán mañana.

- Recuérdeles a los niños la pregunta del día.

- Pregúnteles qué desean mostrarle a las familias y a los invitados acerca del estudio.

- Haga una lista y ayude a los niños a reunir lo necesario y a organizar una exhibición.

Antes de hacer la transición a las áreas de interés, hable de las prendas de ropa para la donación y las cajas para clasificarlas, disponibles en el área de juego dramático.

Hora de escoger

Al interactuar con los niños en las áreas de interés, dedique tiempo a:

- Preguntar, "¿Pueden ayudarme a clasificar las prendas de ropa en ropa de hombres, de mujeres y de niños?" Escriba un letrero con el nombre de cada categoría.

- Animar a los niños a clasificar la ropa también según el tamaño y luego a doblarla y a colocarla en las cajas apropiadas.

Lectura en voz alta	Lea el cuento *La quinceañera*. • **Antes de leer**, diga, "Mañana tendremos una celebración. Este libro es acerca de una clase de celebración distinta. ¿Quién recuerda lo que se celebra en este cuento?" • **Mientras lee**, pregunte, "¿Cómo creen ustedes que se siente la niña?"	• **Después de leer**, pregunte, "¿Qué cosas especiales hacen ustedes para celebrar el cumpleaños en su familia?" Diga a los niños que la versión electrónica estará disponible en la computadora.

Grupos pequeños	**Opción 1: ¿Qué falta?** • Consulte Enseñanza Intencional LL18, "¿Qué falta?", y siga la orientación ofrecida en la tarjeta. **Opción 2: Juegos para la memoria** • Consulte Enseñanza Intencional LL08, "Juegos para la memoria", y siga la orientación ofrecida en la tarjeta.

Mega Minutos	• Use Mega Minutos 21, "Pin, pon, ¿cuántos son?" Siga la orientación ofrecida en la tarjeta.

Reunión final	• Recuerde los eventos del día. • Recuerde a los niños usar ropa para una celebración especial al día siguiente.

¡A celebrar!

Vocabulario

Español: *característica*

Inglés: *characteristic*

Todo el grupo

Rutina inicial

- Canten una bienvenida y hablen de quiénes están presentes.

Canción: "Pantalones rojos"

- Repase Mega Minutos 03, "Pantalones rojos".
- Siga la orientación en la tarjeta.
- Anime a los niños a adaptar la canción para enfocarse en una *característica* especial de la ropa de cada niño, p. ej., "Mi amiga Marta, mi amiga Marta, tiene un vestido con cintas...".

Comentarios y escritura compartida: Mostrar y hablar de ropa especial

- Invite a los niños y las familias a mostrar y hablar acerca de la ropa especial que usaron para la celebración.
- Repase la pregunta del día.
- Escriba algunas de sus descripciones.

Antes de hacer la transición a las áreas de interés, hablen de los libros de la clase que están en el área de biblioteca e invite a los niños a leerlos con las familias.

Hora de escoger

Al interactuar con los niños en las áreas de interés, dedique tiempo a:

- Animar a los niños a que le muestren a las familias los trabajos que hicieron durante el estudio de la ropa.

Lectura en voz alta

Lea el cuento *Se venden gorras*.

- **Antes de leer**, pregunte, "¿Quién recuerda este libro? ¿Qué problemas tiene el vendedor en este cuento?"

- **Mientras lee**, haga pausas de vez en cuando y anime a los niños a decir las palabras.

- **Después de leer**, pregúntese en voz alta, "Me pregunto qué están haciendo esos monos ahora. ¿Qué creen ustedes que están haciendo?"

Hacer preguntas de respuesta abierta estimula a los niños a usar la imaginación y a pensar creativamente.

Grupos pequeños

Opción 1: ¿Cuántas prendas de vestir?

- Consulte Enseñanza Intencional M06, "Llevar la cuenta".

- Siga la orientación en la tarjeta para que los niños lleven la cuenta de las prendas de vestir para la donación.

Opción 2: Distintas clases de ropa

- Consulte Enseñanza Intencional M02, "Contar y comparar".

- Siga la orientación ofrecida en la tarjeta para que los niños cuenten las distintas clases de ropa para la donación.

Mega Minutos

- Use Mega Minutos 04, "Rima, rima, ma, me, mi".

- Haga la variación de número que está en el reverso de la tarjeta.

Reunión final

- Recuerde los eventos del día.

- Invite a los niños a hablar de lo que más les haya gustado del estudio.

Para reflexionar acerca del estudio

¿Qué partes del estudio fueron las que más despertaron y mantuvieron el interés de los niños?

¿Hay otros temas que valgan la pena investigar?

Si pudiera cambiar algo del estudio, ¿qué cambiaría?

Otras ideas o sugerencias que tengo:

Recursos

Información para los maestros

Piense en los materiales con los cuales se hace la ropa. Los materiales naturales son hechos con fibras de pieles de animales, capullos de gusanos de seda y plantas. Algunas fibras naturales comunes son la madera, el algodón, el lino y la seda. El cuero también es natural, porque proviene de la piel, o el cuero, de los animales.

Las fibras sintéticas comienzan siendo químicos líquidos que son convertidos en fibras y tejidos para hacer telas. El color es usualmente añadido en la etapa líquida de las fibras sintéticas, por lo cual son difíciles de teñir nuevamente cuando ya han sido tejidas para hacer la tela. Algunas fibras sintéticas comunes son el poliéster, el nylon, el acrílico, el acetato, el rayón y el spandex.

Piense en los procesos necesarios para la fabricación de ropa. Ya sea que la ropa se haga con una máquina de coser en una casa o en una fábrica, el proceso es básicamente el mismo. En primer lugar, quien la diseña, planea cómo serán las prendas y hace un patrón para cada sección de una prenda de ropa, p. ej., la manga, la pierna, el cuello, la pretina, etc. Después, los distintos patrones se colocan sobre la tela o se pegan con alfileres; luego se traza la silueta y se corta la tela. Finalmente, se cosen las secciones para unirlas y se plancha la prenda de vestir.

La ropa sirve para diversos propósitos. Para los distintos climas y funciones se diseñan tipos de ropa especial. La ropa varía dependiendo del uso que le damos para ocasiones formales o informales, para trabajar en casa o al aire libre, para practicar deportes o para dormir. La ropa para usar en clima caliente es distinta a la que se usa en clima frío.

Vocabulario relativo a la ropa: *ropa, vestido, vestuario, atuendo, atavío, prendas de vestir, ropero, disfraz, traje, vestido, cuellos, puños, mangas, bolsillos, cinturón, correa, cremallera, cierre, botones, ojales, broches, ganchos, costura, ruedo, sastre, costurera, modista, trajes típicos, sarapes, mandiles, rebozos, sombreros, collares, blusas, bolsas, huipiles, chalinas*

Vocabulario relativo a las telas: *telas, textiles, dril, seda, bordada a mano, tejida, de un solo color, estampada, a rayas, con pliegues, de algodón, lana, terciopelo, pana*

> **¿Qué desea investigar como ayuda para entender este tema?**

Libros de literatura infantil

Además de los libros para niños usados específicamente en esta *Guía de enseñanza*, quizás quiera complementar las actividades diarias y las áreas de interés con algunos de los libros para niños de la lista.

Abre los ojos y aprende—La ropa (Emma Nathan)

El abrigo misterioso (Jeanette Jenning)

Buenos días, Samuel (Marie-Louise Gay)

Cuando me visto (Isidro Sánchez)

¿De quién es la ropa? (Shaheen Bilgrami)

Froggy se viste (Jonathan London)

La increíble boda de mi tía Lola (Abby Irvine)

Juan y sus zapatos (Carlos Pellicer López)

Kiko ya se viste solo (Salva Lenam)

Un lío de cordones (Daniela Kulot-Frisch)

Maisy se disfraza (Lucy Cousins)

María llevó su traje rojo y Enrique llevó sus tenis verdes / Mary Wore Her Red Dress and Henry Wore His Green Sneakers (Merle Peek)

Materiales (Clive Gifford)

Mi ropa/My clothes (Rebecca Emberly)

El oso más elegante (Mary Blocksma)

La oveja de Pablito (Elsa Beskow)

Pantalones nuevos, ¡no! (Marcia Leonard)

¿Qué puedes hacer con un rebozo? / What Can You Do With a Rebozo? (Carmen Tafolla)

Ropa (Karen Bryant-Mole)

La Ropa/Clothes (Clare Beaton)

La ropa (Sigmar)

Ropa sucia (Joanna Emery)

El sombrero (Jan Brett)

La sorpresa (Sylvia van Ommen)

El traje nuevo del emperador (Hans Christian Andersen)

Vamos a vestir a Maisy (Lucy Cousins)

El vestido: Ropa de trabajo, de calle y de etiqueta (Jacqueline Morley)

El vestido de Jamela (Niki Daly)

El vestido y la moda: Ayer y hoy (Alastair Smith)

Recursos para los maestros

Los recursos para el maestro le proporcionan información e ideas adicionales para mejorar y ampliar el tema de estudio.

El algodón (Silvia Molina)

Aprenda a hacer: Arreglos de ropa (Teresa Vasconcelos)

Artes de México #90: El rebozo (Artes de México)

Cómo pintar ropa (Angelita)

Manual De Telar Mapuche (Jorge Marí y Enrique Taranto)

Mi primer libro de costura (Winky Cherry)

Plan semanal

Semana: _______________ Maestro(a): _______________ Estudio: _______________

	lunes	martes	miércoles	jueves	viernes
Áreas de interés					
Todo el grupo					
Lectura en voz alta					
Grupos pequeños					

Experiencias al aire libre:

Colaboración con las familias:

Experiencias sorprendentes:

Plan semanal, continuación

Reflexionar sobre la semana:

Cosas para hacer:

Planeación individual para el niño